SIMPLES NOTIONS
DE CUBAGE

A L'USAGE

DES ÉCOLES PRIMAIRES,

Par N.-H. COUSIN,

INSTITUTEUR COMMUNAL A LAVANS-QUINGEY, ANCIEN ÉLÈVE
DE L'ÉCOLE NORMALE DE BESANÇON.

BESANÇON,

IMPRIMERIE D'OUTHENIN-CHALANDRE FILS,

RUE DES GRANGES, 23.

—

NOVEMBRE 1856.

SIMPLES NOTIONS
DE CUBAGE

A L'USAGE

DES ÉCOLES PRIMAIRES,

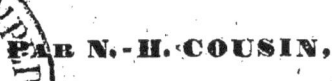

PAR N.-H. COUSIN,

INSTITUTEUR COMMUNAL A ABBENANS, ANCIEN ÉLÈVE
DE L'ÉCOLE NORMALE DE BESANÇON.

BESANÇON,

IMPRIMERIE D'OUTHENIN-CHALANDRE FILS,

RUE DES GRANGES, 23.

NOVEMBRE 1856.

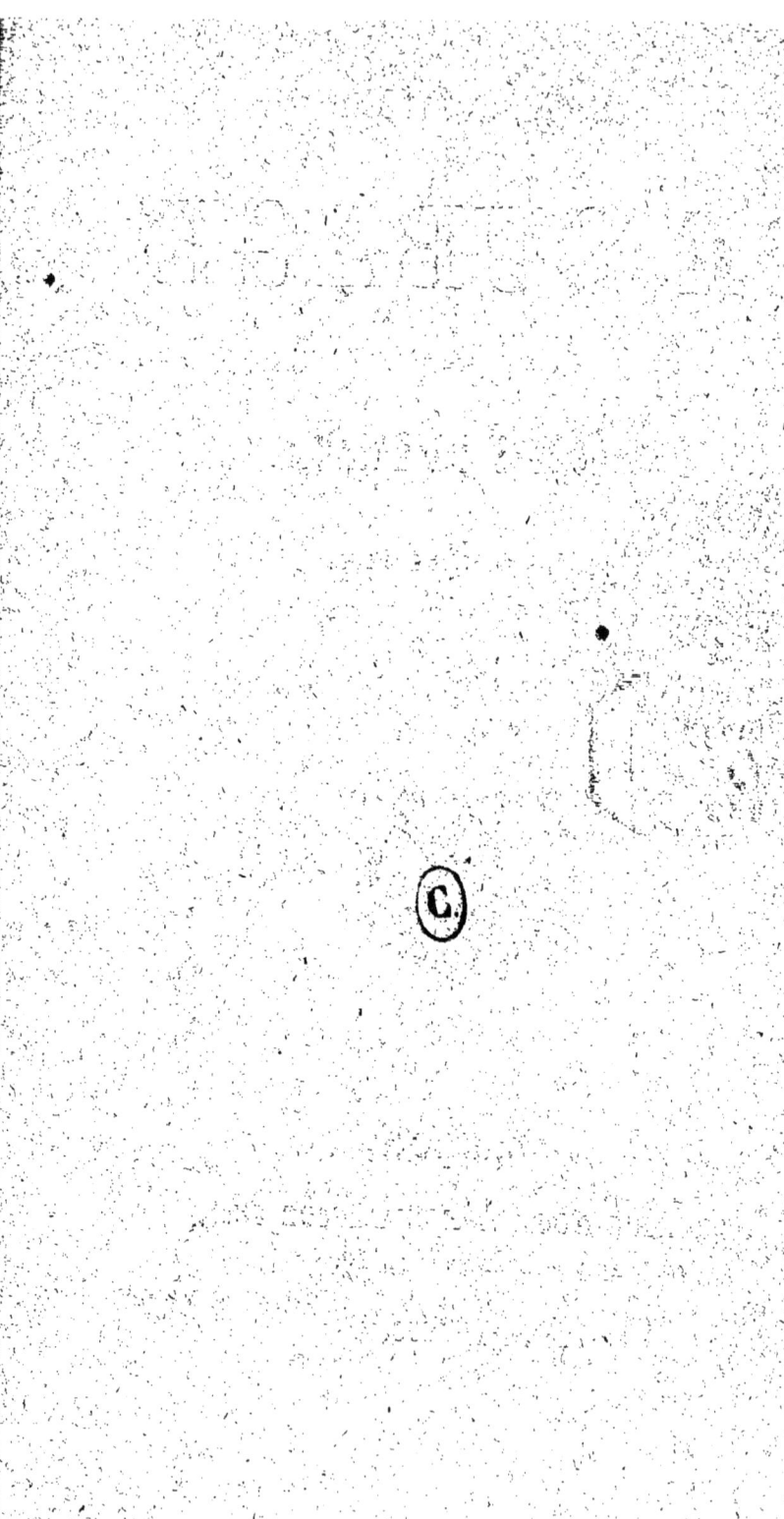

AVERTISSEMENT.

L'habitant des campagnes, comme l'artisan des villes, a besoin, tous les jours, d'évaluer le volume des différents corps qu'il vend, achète ou travaille, ou dans lesquels il dépose ses produits. Il est donc indispensable d'enseigner le cubage aux enfants de nos écoles. Malheureusement, les différents auteurs qui s'occupent de géométrie pratique oublient trop souvent qu'ils s'adressent à des enfants qui, au-dessus de onze à douze ans, après la première communion, quitteront l'école, sauf de très-rares exceptions, pour n'y plus revenir. Aussi ces auteurs sont-ils infiniment au-dessus de la portée des enfants; et chaque instituteur, réduit à ses propres ressources, est obligé de rédiger un cours pour son école.

Ils sont surtout inintelligibles et incomplets pour la mesure des volumes, qu'ils traitent en quelques pages. L'élève qui les étudie ne sait pas, le plus souvent, à sa sortie de l'école, mesurer le bois rond ou équarri que vend son père, peut-être pas même la capacité de son grenier à blé.

Apprenons à l'enfant du laboureur et de l'ouvrier, dans nos quelques mois d'hiver, à mesurer les différents corps sans lui dire d'abord comment la géométrie les appelle. Il pourra cuber parfaitement une caisse, une pierre de taille, et ignorer que ce sont des parallélipipèdes ; il pourra évaluer très-bien le volume d'un bois en grume ou d'un bois équarri, sans savoir qu'il mesure un tronc de cône ou un tronc de pyramide. Ce n'est que quand l'enfant aura une parfaite connaissance des principaux corps dont on a le plus souvent occasion de rechercher le volume, que nous lui apprendrons, *si nous en avons le temps*, la dénomination qu'en donne la géométrie. Dans la plupart des cas, ce temps nous manquera malheureusement

Nos auteurs *pratiques* nous prescrivent avec une désolante lenteur la mesure rigoureusement géométrique du tronc de cône ou de l'onglet sphérique, et ils passent sous silence des choses essentielles : ainsi, ils ne parleront pas de la mesure des fumiers. Et pourtant le fils du cultivateur, l'élève de nos écoles, a besoin, tous les jours, de cuber le fumier de la ferme, ou de mesurer les deux ou trois mètres cubes que son père achète dans le tas du voisin.

Voici un cours bien simple de *Stéréométrie* que j'offre aux instituteurs, mes collègues. Puissent-ils en retirer d'heureux fruits, et nos jeunes élèves, à l'aide de ce livre, exécuter avec facilité les opérations pratiques du cubage, c'est toute la récompense que j'ambitionne !

Ce petit ouvrage est divisé en deux parties, ou plutôt forme deux traités distincts :

La première partie ou premier traité, qui serait une excellente introduction à l'étude de la seconde partie, forme un cours facile et suffisamment complet à la portée de toutes les écoles communales ;

La seconde partie est un traité plus méthodique et plus complet, composé pour les élèves qui doivent fréquenter l'école assez longtemps pour acquérir des notions distinctes et précises sur les différents corps qu'on peut avoir à mesurer ;

Ce sera au maître à choisir, selon les cas, entre ces deux traités. Ajoutons que le second, pouvant être considéré comme le complément ou le développement du premier, sera compris avec bien plus de facilité par l'élève, s'il possède déjà ce premier traité.

Dans nos écoles des campagnes, la première partie sera à peu près seule suivie, les élèves étant appelés si jeunes aux travaux des champs ! J'ai même marqué d'un astérisque les articles et les paragraphes qu'on pourra omettre à une première lecture, ou qu'on sera forcé, par la sortie des élèves, d'omettre tout-à-fait. Et ainsi, on pourra, en quelques leçons, donner à l'enfant des campagnes, qui ne doit suivre l'école que quelques mois d'hiver, des notions suffisantes pour qu'il puisse, dans les diverses circonstances de sa vie, cuber les différents corps dont il aura besoin de connaître le volume.

La note relative aux densités, qui termine la première partie, devra être étudiée dès les premières leçons.

Le maître, en faisant chercher le volume d'un corps, devra représenter ce corps aux yeux des enfants, non pas seulement en le dessinant au tableau noir, car les élèves de nos écoles ne sont généralement point assez exercés au dessin pour comprendre le tracé d'un solide; mais en montrant, en petit, ce corps lui-même. Pour cela, les racines fourragères, ainsi que la terre glaise, que l'on trouve dans toutes les localités, seront d'un utile secours. Avec un simple couteau et une grosse pomme de terre ou un morceau de terre glaise, l'instituteur *fabriquera*, sous les yeux de sa classe, le solide dont il demande le volume. Ce n'est que par ce moyen, si facile et si simple, qu'il pourra faire bien comprendre qu'un fossé, par exemple, peut être considéré comme un solide dont les deux bases opposées sont des trapèzes égaux et parallèles. S'agit-il d'un puits dont on demande la capacité, ainsi que le volume du mur qui l'entoure, le maître prend une longue pomme de terre, la taille en forme de cylindre et en creuse ensuite l'intérieur. La cavité représente la capacité du puits, et les bords de cette cavité le mur du puits. L'élève voit parfaitement alors qu'il n'obtiendra le volume du mur qu'en retranchant du cylindre total représenté par la pomme de terre le volume de la cavité, c'est-à-dire le volume du puits lui-même. Cela est très-facile, et l'enfant le comprend de prime-abord, ce qu'il ne ferait que très-difficilement et

— VII —

après un certain nombre de répétitions, s'il n'avait pas sous les yeux le puits et son mur.

Cette recommandation s'applique surtout aux élèves qui étudieront la seconde partie. Ils ne comprendront guère, en effet, la définition d'un prisme, d'une pyramide ou d'un cône, s'ils n'ont pas ces corps entre les mains : mais qu'on leur montre ces solides, au contraire, ils en acquièrent une idée exacte et en retiennent parfaitement la forme ou configuration. Que le maître soit donc bien pénétré de cette vérité : « Ce qui frappe les yeux fait bien plus d'impression et est saisi bien plus facilement par l'esprit, que ce qui s'adresse à l'intelligence en passant uniquement par l'oreille (1). »

Les élèves pourront se façonner eux-mêmes les différents corps qu'ils calculeront, et inscrire sur ces corps les dimensions supposées. Ils s'en formeront ainsi une idée plus juste et plus nette, et, partant, les progrès seront plus rapides, plus sûrs et plus durables.

Le temps employé à ces exercices ne sera pas un temps perdu; il développera l'intelligence des enfants, lui donnera de la netteté, et gravera profondément dans leur esprit la mesure des volumes.

Mais le maître ne devra pas se contenter de montrer en miniature, à l'école, les différents corps qu'il fera calculer : il devra aussi conduire ses élèves dans les lieux où se trouveront les solides eux-mêmes. Les enfants, en mesurant eux-mêmes les dimensions

(1) *Bulletin de l'Instruction primaire*, n° 10 de 1856.

d'un bois, d'un mur, d'une caisse, d'un grenier à blé, d'un fumier, d'un puits, d'un fossé, etc., profiteront bien plus d'une seule de ces opérations qu'en effectuant à l'école dix questions analogues.

Puissent ces *Simples Notions* être aussi utiles que je le désire! J'y ai multiplié les développements et les exemples : car n'est-il pas besoin d'explications très-étendues pour ce pauvre enfant des champs qui ne doit entrer à l'école qu'avec les neiges pour en sortir dès le premier soleil de mars?

Si, pour ne traiter que d'une seule branche de l'enseignement, l'ouvrage paraît un peu volumineux, c'est que les applications et les exercices en composent plus des trois quarts : le nombre des choses à apprendre par l'élève est réellement fort restreint et se trouve renfermé en quelques pages.

N.-H. C.

Lavans-Quingey, 15 septembre 1856.

SIMPLES NOTIONS
DE CUBAGE.

PREMIÈRE PARTIE.

1. Le *cubage* est l'art de mesurer le volume des *corps* ou *solides*.

2. On appelle *corps* ou *solide* tout ce qui est considéré sous les trois dimensions, *longueur, largeur* et *hauteur*.

3. Le *volume* ou la *solidité* d'un corps est le nombre de fois que ce corps contient un autre solide pris pour unité de mesure.

4. L'unité de volume est le *mètre cube*.

Par conséquent, *mesurer un solide* ou *chercher son volume*, c'est déterminer combien ce solide contient de mètres cubes, de décimètres cubes, de centimètres cubes, etc.

5. Lorsqu'il s'agit du volume intérieur d'un objet, on ne dit plus *volume*, mais *capacité*. Ainsi, on dira le *volume* d'une pièce de bois, d'un bloc de pierre, et la *capacité* d'un tonneau, d'une seille, d'un grenier à blé, etc.

6. Dans les surfaces, on ne s'occupe que de deux dimensions, la *longueur* et la *largeur*. — Le produit de ces deux dimensions donne la surface demandée.

7. Dans les volumes, il entre donc un élément de plus, la *hauteur*, appelée quelquefois *épaisseur* ou *profondeur*. — *Le produit des trois dimensions d'un corps donne le volume de ce corps.*

Ainsi, *pour avoir le volume d'un corps, multipliez sa longueur par sa largeur et le produit par sa hauteur.*

La longueur multipliée par la largeur produisant la surface, on peut dire encore que *le volume d'un corps s'obtient en multipliant la surface de sa base par sa hauteur.*

APPLICATIONS.

PROBLÈME PREMIER. Quel est le volume d'une pierre taillée présentant 1m. 85 de longueur, 92 centimètres de largeur et 65 centimètres de hauteur ou épaisseur ?

Volume = 1 85 × 0 92 × 0 65.

1 85 longueur.	1 702 surface.
0 92 largeur.	0 65 hauteur.
370	8510
1665	10212
1 7020 surface.	1 10650 volume.

On trouve 1 mètre cube 106 décimètres cubes 500 centimètres cubes.

PROB. 2. Quelle est la capacité d'une caisse ayant 83 centimètres de longueur intérieure, 35 centimètres de largeur et 61 centimètres de hauteur.

La capacité de cette caisse = 0 83 × 0 35 × 0 61.

0 83 longueur.	0 2905 surface.
0 35 largeur.	0 61 hauteur.
415	2905
249	17430
0 2905 surface.	0 177205 volume.

La capacité de la caisse est 177 décimètres cubes 205 centimètres cubes.

8. REMARQUE. — Il serait très-facile de savoir combien cette caisse pourrait contenir de litres et de doubles-décalitres. On se rappelle, en effet, que le litre est égal, en capacité, au décimètre cube. Donc le nombre qui exprime, en décimètres cubes, le volume ou la capacité d'un objet, exprime aussi combien cet objet peut contenir de litres. La caisse ci-dessus ayant un volume ou une capacité de 177 décimètres cubes 205 centimètres cubes, pourrait donc contenir 177 litres 205 millilitres.

— 3 —

En divisant 177 par 20, on aurait le nombre de doubles décalitres qu'elle pourrait renfermer.

$$177 \mid \underline{20}$$
$$17 \mid 8$$

On trouve 8 doubles-décalitres plus 17 litres.

Prob. 3. Combien un grenier de 2 m. 20 de longueur sur 0 m. 60 de large et 1 m. 30 de haut pourrait-il contenir de doubles-décalitres de blé ?

Volume = 2 20 × 0 60 × 1 30.

2 2 longueur.	1 32 surface.	1716 | 20
0 6 largeur.	1 3 hauteur.	116 | 85
1 32 surface.	396	16
	132	
	1 716 volume.	

La capacité du grenier est de 1716 décimètres cubes ou 1716 litres. En divisant par 20, on obtient 85 doubles-décalitres 16 litres.

Prob. 4. Une pièce d'eau de forme rectangulaire a 18 m. 25 de long sur 11 m. 49 de large et 2 m. 12 de profondeur. Combien renferme-t-elle d'hectolitres d'eau ?

L'expression du volume de cette pièce d'eau est

18 25 × 11 49 × 2 12 = 444 548 ;

c'est-à-dire 444 mètres cubes 548 décimètres cubes, ou 444548 litres, ou enfin, en divisant ce nombre par 100, 4445 hectolitres 48 litres.

Prob. 5. Quelle est la solidité d'un mur de 25 m. 38 de longueur, 2 m. 50 de hauteur et 66 centimètres d'épaisseur ?

Le produit des trois dimensions de ce mur donnera son volume. On a donc :

Solidité = 25 38 × 2 50 × 0 66 = 41 877 ;

ou 41 mètres cubes 877 décimètres cubes.

Prob. 6. Un cultivateur veut faire construire un grenier qui puisse contenir 60 doubles-décalitres : quelle longueur donnera-t-on à ce grenier, si sa largeur est de 0 m. 80 et sa hauteur de 1 m. 20 ?

Le grenier aura une capacité de 60 fois 20 litres ou 1200 litres, ou 1200 décimètres cubes, ou enfin 1 mètre cube 200 décimètres cubes.

Or le volume d'un corps est le résultat de la multiplication de ses trois dimensions : donc si l'on divise ce volume par le produit de deux dimensions, le quotient exprimera la troisième dimension.

D'après cela, en divisant le volume du grenier 1 m. cube 200 par le produit des deux dimensions connues, la largeur et la hauteur, le quotient sera l'autre dimension ou la longueur.

Voici les opérations :

```
   60 doubles.      1 2 hauteur.      1 200 ( 0 96
   20 litres.       0 8 largeur.        240 ( 1 25
   ─────────        ───────────         480
 1200 litres.       0 96 produit.       000
```

La longueur cherchée est 1 mètre 25 centimètres.

Pour preuve, faire le produit des trois dimensions, on devra retrouver 1200 décimètres cubes.

$$\text{Or } 1\ 25 \times 0\ 80 \times 1\ 20 = 1\ 200.$$

Donc on a bien opéré.

PROB. 7. Une chambre a 8 m. 33 de longueur sur 5 m. 75 de largeur et 3 m. 20 de hauteur. On demande combien pèse l'air contenu dans cette chambre, sachant que 1 litre d'air pèse 1 gramme 3 décigrammes.

Le volume de la chambre est exprimé par

$$8\ 33 \times 5\ 75 \times 3\ 20 = 153\ 272 ;$$

c'est-à-dire 153 mètres cubes 272 décimètres cubes, ou 153272 litres.

Or 1 litre d'air pèse 1 gr. 3 ; donc tout l'air de la chambre pèsera

$$1\ 3 \times 153272 = 199253\ 6.$$

On trouve 199253 grammes 6 décigrammes, ou 199 kilogr. 253 grammes 6 décigrammes.

PROB. 8. Quelle est la capacité d'une caisse de forme rectangulaire qui a 1 m. 24 de long, 0 m. 50 de large et 0 m. 73

de haut, et combien de kilogrammes d'eau cette caisse pourrait-elle contenir ?

La capacité de la caisse est

$$1\,24 \times 0\,50 \times 0\,73 = 0\,4526.$$

On trouve 452 décimètres cubes 600 centimètres cubes, ou 452 litres 6 décilitres. Or 1 décimètre cube ou 1 litre d'eau pèse 1 kilogramme : donc la caisse pourra contenir 452 kilogrammes 600 grammes d'eau.

PROB. 9. On demande le volume et le poids d'un bloc de hêtre de forme rectangulaire, présentant une longueur de 0 m. 42 sur 0 m. 31 de largeur et 1 m. 21 de hauteur, la densité du hêtre étant 0 85.

La solidité de ce bloc est

$$0\,42 \times 0\,31 \times 1\,21 = 0\,157542,$$

ou 157 décimètres cubes 542 centimètres cubes.

Un égal volume d'eau pèserait 157 kilog. 542 gr. La densité du hêtre étant 0 85, le poids de notre bloc sera (note sur les densités),

$$157\,542 \times 0\,85 = 133\,9107.$$

On trouve 133 kilog. 910 grammes 7 décigrammes.

PROB. 10. Quel est le poids d'une table de noyer, de forme quarrée, laquelle a 1 m. 20 sur chaque dimension de sa surface et 0 m. 035 d'épaisseur ?

Le volume de la table est

$$1\,20 \times 1\,20 \times 0\,035 = 0\,050400,$$

ou 50 décimètres cubes 400 centimètres cubes.

Or, on trouve, dans la table des densités, que le poids spécifique du noyer est 0 67. Par conséquent, le poids de la table est égal à

$$50\,4 \times 0\,67 = 33\,k.\,768,$$

c'est-à-dire 33 kilogrammes 768 grammes.

9. Les solides dont nous venons de nous occuper et dont on a si souvent occasion de calculer le volume, sont appelés en géométrie des *parallélipipèdes rectangles*.

La géométrie définit le parallélipipède rectangle, *un corps dont les six faces sont toutes des rectangles, ou dont quelques-unes sont des rectangles et les autres des quarrés.*

Ainsi qu'on vient de le voir, *le volume du parallélipipède est égal au produit de la surface de sa base multipliée par sa hauteur;*

Ou bien, ce qui est la même chose : Le volume du parallélipipède est égal au produit de ses trois dimensions, *longueur, largeur* et *hauteur.*

Un coffre, un madrier ou plateau, une pile de bois, les briques, les carreaux de vitre, le tableau noir, etc., sont des parallélipipèdes.

Dans la pratique, on dispose généralement en parallélipipèdes les matériaux, moellons, terres, bois, etc., pour les mesurer.

Exercices sur la mesure des parallélipipèdes (1).

PROB. 11. Le tableau noir dont on se sert à l'école a 1 m. 70 de longueur, 1 m. 25 de hauteur et 2 centimètres d'épaisseur : on demande son volume.

12. Combien pèse la pierre du problème 1er, laquelle a un volume de 1 m. cube, 1063 ?

13. Quel est le poids de 25 décimètres cubes de glace ?

14. Combien de stères sont contenus dans une pile de bois qui présente 4 m. 27 de longueur, 2 m. 91 de hauteur, la bûche ayant 1 m. 33 ?

15. Une barre de fer a 3 m. 14 de hauteur, la base est un quarré de 0 m. 12 de côté : quel est le poids de cette barre ?

16. Un tas de pierres dressé en forme de parallélipipède a 6 m. 85 de longueur, 5 m. 79 de largeur et 1 m. 36 de hauteur. Quelle est sa solidité ?

17. Combien pèsent 20 litres d'huile de navette ?

18. Quel est le poids d'une planche de sapin qui a 5 m. 13 de long sur 0 m. 34 de large et 0 m. 025 d'épaisseur ?

(1) On trouvera, dans le cours de l'ouvrage, un très-grand nombre de problèmes essentiellement pratiques, d'une application de tous les instants. Ces exercices ont un avantage incontestable sur ces questions sans utilité et sans intérêt que, faute d'ouvrages spéciaux, nous donnons encore si souvent dans nos écoles.

19. Combien vaut, à 5 fr. le double-décalitre, le blé contenu dans un grenier qui a 2 m. 18 de longueur, 0 m. 85 de largeur et 1 m. 42 de hauteur; et combien pèse ce blé, le poids moyen de l'hectolitre étant de 75 kilog. ?

20. Une citerne de forme rectangulaire a pour base un quarré de 1 m. 55 de côté et une profondeur de 10 mètres. Combien cette citerne pourrait-elle contenir d'hectolitres d'eau ?

21. Combien pèse 1 mètre cube de sable ?

22. On demande la longueur d'une planche dont la solidité est 80 décimètres cubes 256 centimètres cubes, la largeur 0 m. 32 et l'épaisseur 0 m. 03.

23. On fait traîner à un cheval un demi-mètre cube de pierre ordinaire. Quelle est la charge de ce cheval ?

DU CYLINDRE.

10. On appelle *cylindre* un corps parfaitement rond, aussi gros à un bout qu'à l'autre, et dont les deux bases opposées sont des cercles égaux et parallèles.

Un crayon est l'image parfaite du cylindre.

Les tuyaux de poële, les porte-plumes, les rouleaux des agriculteurs, sont aussi des cylindres.

Le double-décalitre a également la forme cylindrique.

Pour avoir le volume d'un cylindre, il faut chercher la surface du cercle qui lui sert de base, et multiplier cette surface par la hauteur du cylindre.

Voici des applications :

PROB. 24. Soit à déterminer le volume d'un cylindre de 2 m. 23 de hauteur et dont le diamètre de la base est de 0 m. 80.

Le volume de ce cylindre est égal à la surface de sa base multipliée par sa hauteur.

La surface de la base est la surface d'un cercle de 0 m. 80

de diamètre. Or la surface d'un cercle est égale à la circonférence multipliée par le demi-rayon.

Déterminons d'abord cette surface.

    0 80 diamètre.   0 80 diamètre.
    0 40 rayon.   3 1416 rapport.
    0 20 demi-rayon.   ———
                         2 513280 circonférence.
       2 5133 circonférence.
          0 2 demi-rayon.
       ———
       0 50266 surface de la base du cylindre.

On trouve 0 m. q. 50266. Cette surface multipliée par la hauteur 2 23 donnera le volume cherché.

       0 50266 base.
         2 23 hauteur du cylindre.
       ———
         150798
         100532
         100532
       ———
       1 1209318 volume.

Le volume du cylindre est donc de 1 mètre cube 120 décimètres cubes 931 centimètres cubes.

Prob. 25. Quel est le volume d'un corps rond qui a une longueur de 5 m. 32 et dont le cercle de la base a 1 m. 35 de circonférence ?

Le volume demandé est égal à la surface de la base multipliée par la hauteur. Trouvons d'abord la surface de la base.

  1 35000   (3 1416   0 4297 diamètre.
    93360   (0 4297 diam.   0 2148 rayon.
   303280   0 1074 demi-rayon.
   225360
    5448

   1 35 circonférence.   0 145 base.
   0 1074 demi-rayon.   5 32 hauteur.
   ———   ———
    540   290
    945   435
   1350   725
   ———   ———
 0 144990 surf. de la base.   0 77140 volume.

La solidité du cylindre est 771 décimètres cubes 400 centimètres cubes.

PROB. 26. On demande combien un puits qui aurait 1 mètre de diamètre et 7 m. 35 de profondeur pourrait contenir d'hectolitres d'eau.

On a :

Vol. du puits = surf. de la base × hauteur 7 35.

Puisque le diamètre est 1 mètre, la circonférence est 1 × 3 1416 ou 3 m. 1416, et le demi-rayon est 1 divisé par 4, ou 0 m. 25.

Alors on a :

Vol. = (3 1416 × 0 25) × 7 35 = 5 772690,

c'est-à-dire 5 mètres cubes 772 décimètres cubes 690 centimètres cubes, ou 5772 litres 69 centilitres. Pour avoir des hectolitres, il suffit de diviser 5772 par 100 ; on trouve 57 hectol. 72 litres 69 centilitres.

PROB. 27. Un vase cylindrique a 0 m. 24 de diamètre et 0 m. 52 de hauteur : quelle est sa capacité ?

Capacité = surf. de la base × hauteur 0 52.

Le demi-rayon est le quart de 0 m. 24, ou 0 24 divisé par 4 = 0 06.

La surface de la base =

0 24 × 3 1416 × 0 06 = 0 0452.

Cette surface multipliée par la hauteur =

0 0452 × 0 52 = 0 023504.

La capacité du vase est donc de 23 décimètres cubes 504 centimètres cubes, ou 23 litres et demi, à un centilitre près.

Exercices sur la mesure des cylindres.

PROB. 28. On donne 8 fr. du mètre cube pour creuser un puits de 9 m. 74 de profondeur et 1 m. 45 de diamètre. Combien doit-on ?

29. Quel est le poids de 25 litres de lait ?

30. Combien 25 litres d'eau de mer pèsent-ils de plus que 25 litres d'eau pure ?

31. Quel est le volume d'un arbre de roue de moulin parfaitement rond, aussi gros à un bout qu'à l'autre, ayant

3 mètres et demi de longueur et 1 m. 58 de circonférence ?

32. Quel est le poids d'une table ronde, en pierre, ayant 5 m. 25 de circonférence et 1 décimètre d'épaisseur ?

33. Quel serait le poids de cette même table, si elle était de noyer ?

34. Un bois rond en grume aussi gros à un bout qu'à l'autre, serait un cylindre. Mais il n'arrive presque jamais qu'un bois en grume ait dans toute sa longueur une égale circonférence. Supposé que le cas ait lieu dans un bois de 7 m. de long et 1 m. 60 de circonférence, quel serait alors le volume de ce bois ? (1 m. c. 456.)

MESURE DES BOIS DE CHARPENTE
ET DE CONSTRUCTION.

11. Sous ce titre, nous montrerons :

1° Comment on évalue le volume des *bois ronds* ou *en grume;*

2° Comment on évalue le volume des *bois équarris;*

3° Comment on peut déterminer le volume qu'aura un bois en grume lorsqu'il sera équarri.

Mesure des bois ronds.

12. On appelle *bois rond* ou *bois en grume* le bois revêtu de son écorce ou grume.

I.

*13. Si le bois rond est aussi gros à un bout qu'à l'autre, c'est un *cylindre*, et on en trouve le volume, comme on trouve le volume de tous les cylindres, en multipliant la surface de sa base par sa hauteur. (Voyez problème 34.)

II.

14. Mais il n'arrive presque jamais que les pièces de bois

en grume aient la figure d'un cylindre, car elles sont ordinairement plus grosses à une extrémité qu'à l'autre.

Alors, pour avoir leur volume, on emploie la règle pratique suivante :

RÈGLE. — *Pour obtenir le volume d'un bois rond, prenez la circonférence au milieu de la pièce, à égale distance des deux bouts; cherchez la surface du cercle qui aurait cette circonférence, et multipliez cette surface par la longueur du bois.*

Appliquons cette règle.

PROB. 35. Trouver le volume d'un bois rond dont la circonférence au milieu est de 1 m. 85 et la longueur de 9 m. 30.

```
1 85000   ⎧ 3 1416       0 5888 ⎧ 4
 279200   ⎩ 0 5888 diam.     18 ⎩ 0 1471 demi-ray.
 278720                      28
 273920                      08
                              0
```

```
      1 85     circonf.        0 27232 surf. du cercle moy.
   0 1472 1/2  rayon.          9 3     long. du bois.
   ─────────                   ──────
       7360                    81696
      11776                   245088
       1472                   ──────
   ─────────                  2 532576 volume.
   0 272320    surface.
```

Le cube de cette pièce de bois est 2 mètres cubes 532 décimètres cubes 576 centimètres cubes.

PROB. 36. Un bois en grume a 7 m. 80 de longueur ; sa circonférence, mesurée au milieu de la longueur, est de 0 m. 95. On demande sa solidité.

Le diamètre =
$$0\ 95 : 3\ 1416 = 0\ 3023;$$

Le demi-rayon =
$$0\ 3024 : 4 = 0\ 0756;$$

La surface du cercle moyen =
$$0\ 95 \times 0\ 0756 = 0\ 7182;$$

Enfin la solidité du bois est égale à
$$0\ 07182 \times 7\ 80 = 0\ 560196.$$

On trouve 560 décimètres cubes 196 centimètres cubes.

* 15. La règle que nous venons de donner pour évaluer le volume des bois ronds en grume est simple et très-commode dans la pratique.

Mais supposons qu'on vous propose de mesurer un bois rond, et qu'au lieu de la circonférence du milieu de la pièce, on vous donne les deux circonférences extrêmes, ou bien les diamètres des deux bouts. Voici, dans ce cas, comment vous devez opérer :

1° Si, au lieu de la circonférence du milieu du bois, vous avez la circonférence du gros bout et celle du petit bout, additionnez ces deux circonférences et divisez la somme par 2 : vous obtenez ainsi une circonférence moyenne équivalente à celle du milieu de la pièce. Il ne vous reste plus, pour avoir le volume, qu'à chercher, comme plus haut, la surface du cercle qui aurait cette circonférence moyenne et à multiplier cette surface par la longueur du bois.

2° Si vous avez le diamètre de chaque bout, faites la somme des deux diamètres et prenez-en la moitié : vous obtiendrez ainsi un diamètre moyen équivalent au diamètre du milieu du bois. Vous n'aurez plus qu'à chercher la surface du cercle qui aurait ce diamètre et à multiplier cette surface par la longueur de la pièce.

Voici des applications :

PROB. 37. On demande la solidité d'un bois en grume dont la longueur est de 11 m. 40, la circonférence au gros bout de 0 m. 95 et la circonférence au petit bout de 0 m. 82.

0 95 circonférence du gros bout.
0 82 circonférence du petit bout.
1 77 somme.
0 885 circonférence moyenne.

La circonférence moyenne étant 0 885, le diamètre =
$$0\ 885 : 3.1416 = 0\ 28 ;$$
Le demi-rayon =
$$0\ 28 : 4 \times 0\ 07 ;$$
La surface du cercle moyen est égale à
$$0\ 885 \times 0\ 07 = 0\ 06195 ;$$
Le volume du bois =
$$0\ 06195 \times 11\ 40 = 0\ 706230 ;$$

c'est-à-dire 706 décimètres cubes 230 centimètres cubes.

Prob. 38. Combien cube un bois rond ayant 4 m. 27 de longueur, 0 m. 60 de diamètre au gros bout et 0 m. 46 au petit bout ? Si ce bois rond est un noyer, quel est son poids ?

0 60 diam. du gros bout.
0 46 diam. du petit bout.
1 06 somme.
0 53 diam. moyen.

La circonférence moyenne est égale à
0 53 × 3 1416 = 1 665048 ;
Le demi-rayon =
0 53 : 4 = 0 1325 ;
La surface du cercle moyen sera produite par
1 665 × 0 1325 = 0 2206125 ;
Le volume du bois =
0 2206125 × 4 27 = 0 942015.

On trouve 942 décimètres cubes, 15 centimètres cubes.
Enfin la densité du noyer étant 0 67, son poids =
942 015 × 0 67 = 631 150 ;
c'est-à-dire 631 kilog. 150 grammes.

* Ce poids n'est qu'approximatif : car, d'une part, outre les variations de température, la densité d'un bois ne saurait être rigoureusement exacte, soit en raison de l'âge, soit en raison de la partie de l'arbre ou de son degré de sécheresse ; et, d'autre part, le volume que l'on trouve par la règle pratique des nos 14 et 15 n'est pas la mesure parfaitement exacte du bois. Mais ajoutons que le degré d'approximation est toujours suffisant.

Exercices sur la mesure des bois ronds.

39. La circonférence d'un bois en grume mesurée à égale distance des deux bouts est de 2 m. 10 ; sa hauteur est 7 m. 35. On demande son volume et son poids, sa densité étant 0 82.

40. Quel est le poids d'un sapin rond qui a 6 m. 25 de longueur, avec une circonférence au gros bout de 1 m. 46 et

une circonférence au petit bout de 1 m. 12 ? La densité du sapin est 0 55.

41. Quel est le cube d'un bois rond qui présente 1 m. 87 de circonférence au gros bout, 1 m. 35 au petit bout et 5 m. 49 de hauteur ? Si cet arbre est un frêne, quel est son poids ?

42. Un bois en grume a 1 m. 13 de diamètre au gros bout, 0 m. 86 au petit bout; sa longueur est de 6 m. 49. On demande sa solidité.

* 16. Un corps rond plus gros à un bout qu'à l'autre, est appelé en géométrie un *tronc de cône* ou un *cône tronqué*.

Les bois en grume, dont nous venons de nous occuper, sont donc des troncs de cône.

La mesure rigoureusement géométrique du tronc de cône n'est généralement point en usage, parce qu'elle nécessite des calculs trop longs et trop compliqués. La règle pratique que nous avons donnée suffit dans les cas ordinaires ; elle donne un résultat un peu inférieur au véritable volume du corps, mais qui approche assez de ce volume.

Les corps analogues aux bois ronds, tels que baquet, cuveau, etc., se mesureront de la même manière, *si l'on se contente d'une simple approximation.*

* 17. Faisons remarquer que la différence entre le volume rigoureusement géométrique et le volume approximatif est presque insensible lorsque les deux bases du tronc ne diffèrent pas beaucoup en superficie, et que d'ailleurs la hauteur est petite.

Ainsi, avec ces deux conditions, — que la grande base ne soit pas beaucoup plus grande que l'autre, et que la hauteur du tronc soit petite, — on peut à peu près se fier aux moyens approximatifs.

Lors même que la hauteur du tronc serait de 4 à 5 mètres, la différence est presque nulle encore, si les deux bases ne diffèrent pas trop en étendue.

Mais que l'une des bases soit double ou triple de l'autre et que la hauteur du tronc soit assez considérable, la différence est énorme.

On ne doit donc employer ces moyens approximatifs que

dans les limites déterminées : autrement on s'exposerait à commettre des erreurs très-considérables.

Voici des exemples :

Prob. 43. Quelle est la capacité d'un seau qui a intérieurement 0 m. 12 de largeur ou diamètre dans le bas, 0 m. 23 dans le haut, et 0 m. 33 de profondeur ?

Ce seau est un tronc de cône que nous mesurerons comme les bois des problèmes 37 et 38.

Le diamètre moyen est
$$\frac{0\ 12 + 0\ 23}{2} = 0\ 175;$$

Le demi-rayon =
$$0\ 175 : 4 = 0\ 04375;$$

La circonférence moyenne =
$$0\ 175 \times 3\ 1416 = 0\ 54978;$$

La surface moyenne =
$$0\ 54978 \times 0\ 04375 = 0\ 0240528;$$

Cette surface multipliée par la profondeur du seau donne pour capacité
$$0\ 0240528 \times 0\ 33 = 0\ 007937;$$

c'est-à-dire 7 décimètres cubes 937 décimètres cubes, ou 7 litres 93 centilitres.

La mesure rigoureusement géométrique du tronc de cône donne pour capacité exacte du seau 8 litres 19 centilitres (Prob. XXVII, 2ᵉ partie), résultat qui dépasse de 26 centilitres la capacité approximative que nous avons trouvée par la règle pratique. La différence est de plus de 1/4 de litre, ce qui est considérable pour un corps d'un aussi petit volume. Mais aussi remarquons que la grande base est presque double de la petite.

Prob. 44. Un cuveau est un tronc de cône. Supposons un cuveau dont la circonférence de l'ouverture soit de 3 m. 644, le circonférence du fond de 2 m. 89, et la hauteur de 1 m. 30. Quelle est la capacité de ce cuveau ?

La circonférence moyenne =
$$\frac{3\ 644 + 2\ 89}{2} = 3\ 267;$$

Le diamètre sera égal à
$$3\,267 : 3\,1416 = 1\,04;$$
Et le demi-rayon à
$$1\,04 : 4 = 0\,26;$$
La surface moyenne sera produite par
$$3\,267 \times 0\,26 = 0\,84942.$$
Enfin on aura le volume ou la capacité en multipliant cette surface par la hauteur.
$$0\,84942 \times 1\,3 = 1\,104246,$$
On trouve 1 mètre cube 104 décimètres cubes 246 centimètres cubes.

Le volume exact de ce caveau est de 1 m. cube 109233 (Prob. xxviii), volume supérieur d'environ 5 décimètres cubes à celui que nous venons de trouver. Cette différence est petite par rapport à la grande capacité du corps; et cependant les deux bases diffèrent très-sensiblement d'étendue.

Prob. 45. Supposons maintenant une chaudière ayant exactement la forme d'un tronc de cône. Soit le diamètre de l'ouverture de 0 m. 40, le diamètre du fond de 0 m. 36 et la hauteur de 0 m. 42.

La méthode approximative donne pour expression de sa capacité
$$\frac{0\,40 + 0\,36}{2} = 3\,1416 \times 1/2\,R\,0\,095 \times 0\,42 = 0\,047633$$
ou 47 litres 63 centilitres.

Or la capacité rigoureuse de cette chaudière est de 47 litres 67 centilitres (Prob. xxix) : la différence est nulle, puisqu'elle n'est que de 4 centilitres. Aussi les deux bases du tronc diffèrent-elles très-peu d'étendue.

Mesure des bois équarris.

I.

*18. Si la pièce de bois équarrie est aussi grosse à un bout qu'à l'autre, c'est un *parallélipipède*, et on en trouve le volume, comme on trouve le volume de tous les parallélipipèdes, en multipliant la surface de sa base par sa hauteur.

La règle carrée ou carrelet dont vous vous servez pour tracer vos cahiers, la règle plate que vous employez pour dessiner, sont l'une et l'autre des parallélipipèdes parfaits qui représentent, en petit, des bois équarris également gros dans toute leur longueur.

PROB. 46. Quel est le volume d'un bois équarri qui a 3 m. 35 de longueur sur 0 m. 46 d'équarrissage ?

La base de ce bois est un quarré de 0 m. 46 de côté. Par conséquent, on a :

$$\text{Vol.} = 0\,46 \times 0\,46 \times 3\,35.$$

```
  0 46 )                    0 2116 base.
  0 46 )  équarissage.       3 35 hauteur.
  ─────                     ──────
   276                       10580
   184                        6348
  ─────                       6348
  0 2116 surf. de la base.  ──────
                            0 708860 volume.
```

Le volume du bois est 708 décimètres cubes, 860 centimètres cubes.

PROB. 47. Déterminer la solidité d'un bois équarri qui a 0 m. 37 d'équarrissage d'une face et 0 m. 34 de l'autre face, sur 6 m. 30 de longueur.

La surface de la base est un rectangle de 0 m. 37 sur 0 m. 34. On a :

$$\text{Vol.} = 0\,37 \times 0\,34 \times 6\,30.$$

```
  0 57 )  équarrissage.
  0 34 )
  ─────
   148
   111
  ─────
  0 1258 surf. du bout ou de la base.
    6 3  longueur du bois.
  ─────
   3774
   7548
  ─────
  0 79254 vol. du bois.
```

On trouve 792 décimètres cubes 540 centimètres cubes.

II.

19. Mais presque jamais les bois équarris n'ont exactement la figure d'un parallélipipède, car ils sont ordinairement plus gros à une extrémité qu'à l'autre.

Alors, pour avoir leur volume, on fait usage de la règle suivante :

Règle. — *Pour obtenir le volume d'un bois équarri, prenez la largeur et l'épaisseur au milieu de la pièce, à égale distance des deux bouts, faites le produit de ces deux dimensions et multipliez ce produit par la longueur du bois.*

Le produit de la largeur et de l'épaisseur prises au milieu de la longueur donne la surface de la base moyenne du bois. Cette surface ou base moyenne multipliée par la longueur fournit évidemment le volume.

Prob. 48. Soit à trouver le volume d'un bois équarri ayant 7 m. 62 de longueur, et 0 m. 52 de largeur sur 0 m. 43 d'épaisseur au milieu de la longueur, à égale distance des deux bouts.

D'après la règle précédente, on a :

$$\text{Vol.} = 0\ 52 \times 0\ 43 \times 7\ 62.$$

```
        0 52 larg.
        0 43 épaiss.
        ───────
         156
        208
        ───────
      0 2236  surf. moyenne.

      0 2236  surf. de la b. moy.
        7 62  long. du bois.
      ───────
        4472
       13416
      15652
      ───────
    1 703832  volume.
```

Le bois cube 1 mètre cube 703 décimètres cubes 832 centimètres cubes.

Prob. 49. On demande la solidité d'une pièce de bois

équarrie de 8 m. 23 de longueur, et dont la largeur et l'épaisseur, prises au milieu de la longueur, sont l'une de 0 m. 44, l'autre de 0 m. 32.

Sol. = 0 44 × 0 32 × 8 23.

0 44 ⎫ dimensions prises au milieu de
0 32 ⎭ la longueur du bois.
_____
88
132
_____
0 1408 surf. de la base moyenne.
8 23 long. du bois.
_____
4224
2816
11264
_____
1 158784 volume.

Cette pièce de bois a un volume de 1 mètre cube 158 décimètres cubes 784 centimètres cubes.

* 20. La règle que nous venons d'établir est simple et facile. On devra toujours la suivre pour évaluer le volume des bois équarris. Mais supposons qu'on ait à calculer sur des mesures données. Par exemple, une personne vous prie de mesurer le volume de son bois équarri, et, au lieu de vous donner la largeur et l'épaisseur, c'est-à-dire l'équarrissage du milieu de la pièce, elle vous donne l'équarrissage du gros bout et celui du petit bout, voici comment vous opèrerez :

Vous ferez la surface du gros bout, puis la surface du petit bout, vous additionnerez ces deux surfaces et vous prendrez la moitié de la somme : cette demi-somme sera la surface de la base moyenne du bois; vous n'aurez plus qu'à multiplier cette surface par la longueur pour obtenir le volume.

Voici des applications :

PROB. 50. Quel est le volume d'une poutre équarrie dont la longueur est 6 m. 50 avec 0 m. 45 d'équarissage au gros bout et 0 m. 50 au petit bout ?

$$\text{Vol.} = \frac{(0\,45 \times 0\,45) + (0\,30 \times 0\,30)}{2} \times 6\,50.$$

$\left.\begin{array}{l}0\ 45\\0\ 45\end{array}\right\}$ équar. du gr. bout. $\left.\begin{array}{l}0\ 3\\0\ 3\end{array}\right\}$ équar. du petit bout.

| 225 | 0 09 surf. du petit bout. |
| 180 | |

0 2025 surf. du gr. bout.

0 2025 surf. du gros bout.	0 14625 surf. de la b. moy.
0 0900 surf. du petit bout.	6 5 longueur.
0 2925 somme.	73125
0 14625 surf. moyenne.	87750
	0 950625 volume.

La solidité demandée est 950 décimètres cubes 625 centimètres cubes.

PROB. 51. Déterminer le volume d'une pièce de bois équarrie dont le gros bout a 0 m. 76 sur 0 m. 63, le petit bout 0 m. 52 sur 0 m. 44, et la longueur 10 m. 30.

$$\text{Solidité} = \frac{(0\,76 \times 0\,63) + (0\,52 \times 0\,44)}{2} \times 10\,30,$$

$\left.\begin{array}{l}0\ 76\\0\ 63\end{array}\right\}$ équar. du gr. bout. $\left.\begin{array}{l}0\ 52\\0\ 44\end{array}\right\}$ équar. du pet. bout.

228	208
456	208
0 4788 surf. du gros bout.	0 2288 surf. du petit bout.

0 4788 surf. du gros bout.	0 3538 base moyenne.
0 2288 surf. du petit bout.	10 3 long. du bois.
0 7076 somme.	10614
0 3538 surf. de la base moy.	35380
	3 64414 volume.

On trouve 3 mètres cubes 644 décimètres cubes 140 centimètres cubes.

Exercices sur la mesure des bois équarris.

52. Un bois équarri porte 1 m. 64 sur 0 m. 50 au milieu de la longueur. Combien vaut-il à 25 fr. le stère, la longueur étant de 5 mètres ?

53. Cherchez le volume d'un bois équarri dont la longueur est 6 m. 44, les dimensions de l'équarrissage au gros bout 0 m. 44 sur 0 m. 40, et 0 m. 36 sur 0 m. 33 au petit bout.

54. Une pièce de bois de charpente a 4 mètres de longueur sur 0 m. 32 et 0 m. 39 d'équarrissage. Combien contient-elle de stères ?

55. Déterminez la solidité d'une pièce équarrie de 10 m. 20 de longueur ; la largeur et l'épaisseur, prises au milieu de la longueur, sont la première de 0 m. 45, la seconde de 0 m. 39.

56. Une pièce équarrie porte 0 m. 48 sur 5 m. 32 de longueur ; combien vaut-elle à 42 fr. le mètre cube ?

57. L'équarrissage d'une poutre est, au gros bout de 0 m. 40 sur 0 m. 37, au petit bout de 0 m. 35 sur 0 m. 32 ; la longueur de la poutre est de 5 m. 89. Quelle est sa solidité ?

* 21. Les bois équarris, plus gros à un bout qu'à l'autre, sont appelés en géométrie des *pyramides tronquées*, à bases rectangulaires, ou simplement des *troncs de pyramides*.

La règle que nous avons donnée pour évaluer leur volume n'est point la mesure rigoureusement géométrique du tronc de pyramide, mesure trop difficile et trop compliquée ; mais cette règle suffit dans la pratique et donne un résultat assez exact, quoique un peu supérieur au véritable volume du corps.

Les corps analogues aux bois équarris se cubent de la même manière, *lorsque l'on se contente d'une simple approximation*.

* 22. Faisons remarquer, comme pour les troncs de cône (17), que la différence entre le volume géométrique et le volume approximatif est presque insensible lorsque les deux bases du tronc ne diffèrent pas beaucoup en superficie et que d'ailleurs la hauteur est petite. La différence est énorme, au contraire, lorsque l'une des bases est beaucoup plus grande que l'autre et que la hauteur elle-même est assez considérable.

Voici des exemples.

Prob. 58. Soit à déterminer la capacité d'une huche ou pétrin. Ce solide, ainsi que les bois équarris, a la forme d'un tronc de pyramide à bases rectangulaires. Supposons l'ouverture ou base supérieure de 1 m. 22 de long sur 0 m. 46 de large; le fond ou base inférieure de 1 m. 08 sur 0 m. 32, et la profondeur de 0 m. 50.

Nous calculerons ce pétrin comme les bois équarris des problèmes 53 et 54.

Nous avons donc :

Capacité du pétrin =

$$\frac{(1\ 22 \times 0\ 46) + (1\ 08 \times 0\ 32)}{2} \times 0\ 50.$$

La surface de la base supérieure =

$$1\ 22 \times 0\ 46 = 0\ 5612.$$

La surface de la base inférieure =

$$1\ 08 \times 0\ 32 = 0\ 3456.$$

La surface de la base moyenne =

$$\frac{0\ 5612 + 0\ 3456}{2} = 0\ 4534,$$

Cette surface multipliée par la hauteur donne

$$0\ 4534 \times 0\ 50 = 0.226700.$$

La capacité du pétrin est donc approximativement de 226 décimètres cubes 700 centimètres cubes, ou 226 litres 7 décilitres.

La mesure rigoureusement géométrique du tronc de pyramide donne pour capacité exacte du pétrin, 224 litres 51 centilitres (Prob. xix, 2e partie), résultat inférieur de 2 litres 19 centilitres à la capacité approximative que nous avons trouvée par la règle pratique. Cette différence est petite par rapport à la capacité du solide.

La base supérieure, dans ce cas, est un tiers environ plus

grande que la base inférieure ; il est vrai que la hauteur n'est que de 50 centimètres.

Prob. 59. Soit maintenant à déterminer la solidité d'un tas de sable dressé en forme de tronc de pyramide. On a mesuré la superficie des deux bases, et on a trouvé pour la base inférieure 20 m. q. 40 et pour la base supérieure 16 m. q. 20. La hauteur du tas est de 0 m. 78.

Le volume approximatif de ce tas est égal à

$$\frac{20\ 40 + 16\ 20}{2} \times 0\ 78 = 14\ 274,$$

c'est-à-dire 14 mètres cubes 274 décimètres cubes.

Or la mesure géométrique donne pour sa solidité exacte (Prob. xx), 14 m. cubes 242. La différence est de 32 décimètres cubes. Cette différence est évidemment nulle sur 14 mètres cubes de sable.

Ici les deux bases diffèrent assez peu d'étendue et la hauteur est petite.

Prob. 60. Mais supposons qu'un tas de pierres dressé en tronc de pyramide ait 80 m. q. 10 de base inférieure et 13 m. q. 581 de base supérieure et que la hauteur soit de 6 mètres : quel serait son volume approximatif ?

Ce volume serait égal à

$$\frac{80\ 10 + 13\ 581}{2} \times 6 = 281\ 043,$$

ou 281 mètres cubes 43 décimètres cubes.

La mesure rigoureusement géométrique du tronc de pyramyde donne pour solidité exacte du même tas 253 m. cubes 326 (Prob. xviii).

La différence est de plus de 27 mètres cubes, au profit de la mesure approximative.

Il est vrai que les deux bases diffèrent extrêmement d'étendue et que la hauteur du tronc est considérable.

On ne doit donc employer ces moyens approximatifs que dans des limites déterminées : autrement on commet de très-grandes erreurs.

Problèmes sur la mesure des bois ronds et des bois équarris.

Prob. 61. Combien de stères contient un bois équarri de 7 m. 35 de longueur sur 0 m. 57 d'équarrissage d'une face et 0 m. 46 de l'autre face ?

62. Déterminer le volume et le poids d'un sapin rond, ayant 12 m. 54 de longueur et une circonférence au milieu, à égale distance des deux bouts, de 1 m. 48.

63. Un bois équarri présente 7 m. 15 de longueur; son gros bout a 0 m. 75 de largeur sur 0 m. 61 d'épaisseur, et son petit bout 0 m. 56 sur 0 m. 42 : quel est le volume de ce bois ?

64. Calculez le volume d'un bois rond ayant 12 m. de longueur, 2 m. 10 de circonférence au gros bout et 1 m. 20 au petit bout.

65. On demande le cube d'un bois équarri dont la largeur et l'épaisseur, mesurées au milieu de la longueur, sont la première de 0 m. 92, la seconde de 0 m. 85, et la hauteur de 9 mètres.

66. Quel est le volume d'un bois rond qui a 6 m. 72 de longueur avec une circonférence au milieu de 1 m. 95. Cet arbre est un hêtre, trouver son poids, la densité du hêtre étant 0 85.

67. Un bois équarri porte 0 m. 80 sur 0 m. 66 au gros bout, 0 m. 72 sur 0 m. 54 au petit bout ; sa longueur est de 4 mètres. On demande sa solidité.

Comment on évalue le volume qu'aura un bois en grume lorsqu'il sera équarri.

23. Le bois en grume est recouvert d'un aubier et d'une écorce.

L'*aubier*, c'est cette couche tendre de *bois blanc* qui se trouve entre l'écorce et le bon bois de l'arbre.

L'aubier et l'écorce sont enlevés par l'opération de l'équarrissage et ne sont bons qu'à brûler.

24. L'acheteur d'un bois en grume n'ayant en vue que le bon bois, il faut savoir trouver le volume de bon bois qu'on obtiendra d'un bois rond lorsqu'il sera équarri.

Pour cela, on emploie différentes méthodes, toutes plus ou moins approximatives.

25. Voici les deux méthodes les plus généralement en usage :

PREMIÈRE MÉTHODE. La première méthode consiste à prendre pour dimension de l'équarrissage le quart de la circonférence moyenne, après avoir, auparavant, diminué cette circonférence de son sixième.

On l'appelle la *méthode du sixième déduit*.

Ainsi, *d'après la méthode du sixième déduit, pour avoir le côté de l'équarrissage que portera un bois rond, prenez le sixième de la circonférence moyenne de ce bois, ôtez ce sixième de la circonférence moyenne totale et prenez le quart du reste : le quotient exprimera le côté de l'équarrissage.*

SECONDE MÉTHODE. Par la seconde méthode, on prend pour dimension de l'équarrissage le cinquième de la circonférence moyenne.

On l'appelle la *méthode du cinquième déduit* : car prendre immédiatement le cinquième de la circonférence moyenne revient à prendre le quart de cette circonférence préalablement diminuée de son cinquième.

Donc, *d'après la méthode du cinquième déduit, pour avoir l'équarrissage que donnera un bois rond, divisez sa circonférence moyenne par cinq : le quotient sera le côté de l'équarrissage.*

Dans l'un et l'autre cas, après avoir trouvé l'équarrissage, multipliez-le par lui-même, ce qui vous donnera la surface de la base moyenne du bois, équarri ; multipliez cette surface par la longueur du bois : le résultat sera le volume de bon bois contenu dans la pièce en grume.

Voici des applications :

PROB. 68. Soit à trouver le volume que présentera, lorsqu'il sera équarri, le bois rond du problème 35, lequel a une longueur de 9 m. 50 et une circonférence au milieu de 1 m. 85.

Voici d'abord le calcul d'après la première méthode.

1,85 | 6
0,30 | 0,308 sixième de la circonf.

1 850 circonférence totale.
0 308 déduction du sixième.
───────
1 542 reste.

1 542 (4
 34 | 0 3855 équar.
 22
 20
  0

0 3855) dim. de l'éq.
0 3855)
─────
19275
19275
30840
11565
──────
0 14861025 surf. de la base moyenne.

0 1486 base moyenne.
9 3 haut. du bois.
─────
4458
13374
─────
1 38198 volume.

On trouve 1 mètre cube 381 décimètres cubes 980 centimètres cubes.

Voici maintenant le calcul en suivant la seconde méthode.

1 85 (5
 35 (0 37 équar.
  0

0 37) côté de l'équar.
0 37)
─────
259
111
─────
0 1369 surf. de la base moy.
9 3 long. du bois.
─────
4107
12321
─────
1 27317 volume.

On trouve, par la seconde méthode, 1 mètre cube 273 décimètres cubes 170 centimètres cubes.

26. On voit que la première méthode donne un résultat un peu supérieur à la seconde. On l'emploie lorsque les bois n'ont pas de défauts; si les bois ont des défauts, on fait usage de la seconde méthode.

27. OBSERVATION. Dans le problème 38, on trouvait pour volume total de l'arbre en grume, 2 m. c., 532576. En rapprochant ce résultat de celui qu'on a trouvé ci-dessus par la méthode du cinquième déduit, on voit que le volume de bois équarri que peut donner un bois rond calculé en prenant pour

dimension de l'équarrissage le cinquième de la circonférence moyenne, est à peu près la moitié du volume total du bois.

En effet, la seconde méthode nous donne 1 m. c., 273170. Ce volume multiplié par 2 = 2 54634, produit qui ne diffère du volume total de l'arbre que de 14 décimètres cubes.

PROB. 69. Un bois rond a 2 mètres 15 de circonférence moyenne et 4 mètres 50 de hauteur. On demande son volume lorsqu'il sera équarri.

1° Méthode du sixième déduit.

Le sixième de la circonférence moyenne =

$$2\ 15 : 6 = 0\ 358.$$

La circonférence diminuée de son sixième =

$$2\ 15 - 0\ 358 = 1\ 792.$$

Le reste est 1792. Le quart de ce reste =

$$1\ 792 : 4 = 0\ 448.$$

La dimension de l'équarrissage étant 0 448, la surface de la base moyenne =

$$0\ 448 \times 0\ 448 = 0\ 2007.$$

Cette surface multipliée par la longueur du bois donnera le volume de bon bois fourni par l'arbre en grume.

$$0\ 2007 \times 4\ 5 = 0\ 903150 ;$$

c'est-à-dire 903 décimètres cubes 150 centimètres cubes.

2° Méthode du cinquième déduit.

Le cinquième de la circonférence moyenne =

$$2\ 15 : 5 = 0\ 43.$$

Le côté de l'équarrissage étant 0 43, la base moyenne =

$$0\ 43 \times 0\ 43 = 0\ 1849.$$

Ce produit, multiplié par la longueur, donne

$$0\ 1849 \times 4\ 5 = 0\ 832050,$$

ou 832 décimètres cubes 50 centimètres cubes, c'est-à-dire 71 décimètres cubes de moins que par la méthode du sixième.

PROB. 70. Calculez encore le volume qu'aura, équarri, un

— 28 —

chêne en grume de 3 m. 05 de circonférence au gros bout, 1 m. 87 au petit bout et 8 m. 20 de longueur.

    3 05 circonf. du gros bout.
    1 87 circonf. du petit bout.
    4 92 somme.
    2 46 circonf. moyenne.

Méthode du sixième déduit.

```
246 | 6              2 46 circonf. moy. totale.
 06 | 0 41           0 41 déduction du sixième.
  0                  2 05 reste.
2 05 | 4                  0 512
  05 | 0 512              0 512
  10                      1024
   2                       512
                          2560
                      0 262144 base moy.
```

      0 262144
        8 2
       524288
      2097152
      2 1495808

Cette pièce de bois fournirait un volume équarri de 2 mètres cubes 149 décimètres cubes 580 centimètres cubes.

Méthode du cinquième déduit.[1]

```
2 46 | 5                  0 492
  46 | 0 492              0 492
  10                       984
   0                      4428
                          1968
                      0 242064
```

      0 2421
        8 2
       4842
      19368
      1 98522

On trouve, par la méthode du cinquième déduit, un volume de 1 mètre cube 985 décimètres cubes 220 centimètres cubes, c'est-à-dire 164 décimètres cubes de moins que par la première méthode.

28. Les praticiens emploient un moyen bien simple pour trouver les dimensions de l'équarrissage : ils tracent à chacune des extrémités de l'arbre en grume, en dedans de l'aubier, deux diamètres qui se coupent d'équerre par le milieu ; les lignes droites qui joignent les extrémités de ces deux diamètres sont les dimensions de l'équarrissage.

*29. REMARQUE. Le sapins n'ont pas d'aubier, et leur grosseur ne varie que très-peu depuis la base jusqu'au milieu à peu près de leur longueur; mais, de ce point à l'extrémité de l'arbre, la circonférence va en diminuant d'une manière très-sensible.

C'est pourquoi :

1° Quand on cherchera le volume équarri d'un sapin rond, on emploiera toujours la méthode du sixième déduit, ou même le mesurage au quart sans déduction, dont nous parlons dans la seconde partie, page 87.

2° Lorsqu'on voudra connaître le volume total d'un sapin rond, on supposera cet arbre scié vers le milieu de sa longueur, et les deux parties séparées, puis on appliquera à chaque moitié de l'arbre la règle du n° 14. Si l'on cubait la pièce en une seule fois, on n'aurait guère que la moitié ou les deux tiers du volume réel du sapin.

Problèmes.

71. Quel serait l'équarrissage, au sixième déduit, d'un bois en grume de 1 m. 20 de circonférence?

72. Une pièce en grume a 2 m. 60 de circonférence moyenne. On demande son équarrissage au cinquième déduit.

73. Un bois rond a 2 m. 25 de circonférence au gros bout, 1 m. 79 au petit bout. Quel serait son équarrissage au sixième déduit?

74. La circonférence d'un bois en grume, mesurée au mi-

lieu de sa longueur, est de 1 m. 94; sa longueur est de 5 m. 28. Quel est le volume de bois équarri que donnera cet arbre, calculé : 1° en prenant pour dimension de l'équarrissage le quart de la circonférence moyenne, préalablement diminuée du sixième, c'est-à-dire au sixième déduit; 2° en prenant pour dimension de l'équarrissage le cinquième de la circonférence moyenne, c'est-à-dire au cinquième déduit?

75. Quel est le volume de bois équarri, calculé au sixième déduit, qu'on pourrait obtenir d'un chêne en grume, dont la longueur est de 3 m. 97, la circonférence, au gros bout, de 1 m. 92, et la circonférence, au petit bout, de 1 m. 25? Trouver aussi le volume actuel de cet arbre?

76. Calculez, au cinquième déduit, le volume que donnera, équarri, un arbre en grume de 5 m. 45 de longueur, 1 m. 75 de circonférence au gros bout, et 1 m. 32 au petit bout. Calculez aussi le volume total de ce bois, et comparez les deux résultats.

77. Quel est, au sixième déduit, le volume équarri que donnera un bois rond de 6 m. 29 de longueur, sur 1 m. 24 de circonférence au milieu, à égale distance des deux bouts?

78. Un chêne en grume a 6 m. 31 de longueur, 2 m. 33 de circonférence au gros bout, et 1 mètre 80 de circonférence au petit bout. On demande : 1° le volume actuel de cet arbre ; 2° son volume équarri, calculé au sixième déduit.

MESURE DES FUMIERS.

30. RÈGLE. — *Pour avoir le volume d'un fumier, cherchez la surface du terrain qui lui sert de base, et multipliez cette surface par la hauteur du fumier.*

PROB. 79. Soit un fumier de 4 m. 50 de long, 3 m. 80 de large et 1 m. 50 de haut : trouvez combien il renferme de mètres cubes.

```
    4 5 longueur.           17 1 surface.
    3 8 largeur.             1 5 hauteur.
    ─────────               ─────────
       360                       855
       135                       171
    ─────────               ─────────
    17,10 surface.          25 65 volume.
```

Ce fumier a un volume de 25 mètres cubes 650 décimètres cubes.

Prob. 80. Un autre tas de fumier présente une longueur de 6 m. 25, une largeur de 5 m. 80 et une hauteur de 2 m. 10. Combien ce tas fournira-t-il de voitures ? (On sait que la voiture de fumier est ordinairement comptée de 1 mètre cube.)

Le volume du fumier est exprimé par

$$6\ 25 \times 5\ 80 \times 2\ 10 = 76\ 125;$$

c'est-à-dire 76 mètres cubes 125 décimètres cubes, ou 76 voitures plus 1/8 de voiture.

31. Remarque. Il pourrait bien arriver qu'il y eût plus épais de fumier en certains endroits qu'en d'autres. C'est pourquoi il est toujours prudent, quand on mesure un fumier, de prendre plusieurs hauteurs : pour cela, on enfonce une sonde ou un bâton en différents endroits du fumier, en ayant soin de répartir les divers sondages également dans tous les sens. Si l'on trouve, par exemple, cinq hauteurs différentes, on fait la somme de ces cinq hauteurs et on divise cette somme par 5 : le quotient est la hauteur moyenne par laquelle on multiplie, comme plus haut, la surface du fumier pour obtenir le volume.

Il est bien évident que ce mesurage ne serait plus applicable, si, comme il arrive quelquefois, le fumier avait une forme tout-à-fait irrégulière, et qu'il affectât, par exemple, la figure d'un tronc de cône.

Prob. 81. Soit, pour application, un fumier présentant 4 m. 20 de longueur, 2 m. 50 de largeur, et les hauteurs suivantes, prises en différents endroits de la masse du fumier :
1 m. 40, 1 m. 52, 1 m. 50, 1 m. 29, 1 m. 52 et 1 m. 44.

— 32 —

```
1 40           8 47 | 6
1 32            24  | 1 41
1 50            07
1 29             1
1 32
1 44
─────
8 47
```

J'additionne les 6 hauteurs, je trouve 8 47 ; je divise cette somme par 6, j'obtiens 1 41, hauteur moyenne. Je n'ai plus, pour avoir le volume, qu'à multiplier la surface du fumier par cette hauteur moyenne.

L'expression du volume demandé est alors

$$4\ 20 \times 2\ 50 \times 1\ 41 = 14\ 805 ;$$

c'est-à-dire 14 mètres cubes 805 décimètres cubes.

52. La *base du fumier*, qu'on appelle la *place à fumier*, n'est pas toujours un quarré ou un rectangle ; elle est le plus souvent un polygone irrégulier quelconque. Alors on évalue, par les moyens qu'enseigne la géométrie, la surface de ces polygones, et il ne reste plus, pour avoir le volume, qu'à multiplier cette surface par la hauteur.

Voici des exemples :

PROB. 82. Soit à déterminer le volume d'un fumier dont la base serait le polygone *abcd* (fig. 1.), et la hauteur 2 m. 50.

Puisque la surface qu'occupe le fumier est une surface irrégulière, je la décompose par la perpendiculaire *ce*, parallèle à *ba*, en deux figures, dont l'une, *abce*, est un trapèze et l'autre, *ecd*, un triangle.

La surface du trapèze est égale à la demi-somme de ses côtés parallèles, multipliée par la hauteur 8 m., c'est-à-dire à

$$\frac{4\ 20 + 6\ 50}{2} \times 8 = 42\ 80.$$

La surface du triangle est égale au demi-produit de sa base par sa hauteur, c'est-à-dire à

$$\frac{6\ 50 \times 110}{2} = 3\ 57.$$

Par conséquent, la surface de la place à fumier est égale à
$$42\ 80 + 3\ 57 = 46\ 37;$$
c'est-à-dire 46 décimètres quarrés 37 décimètres quarrés.

Cette surface, multipliée par la hauteur 2 30, produira le volume. On a
$$46\ 37 \times 2\ 3 = 106\ 651;$$
ou 106 mètres cubes 651 décimètres cubes.

PROB. 83. Soit encore à trouver combien le fumier dont la base serait représentée par le polygone *abcd* contiendrait de mètres cubes, la hauteur étant 1 m. 85 (fig. 2.).

Je tire, sur la surface supérieure du fumier, la diagonale *ac*, et, des sommets *b* et *d*, j'abaisse sur cette diagonale la perpendiculaire *bh* et *dh'*, ce qui partage la place à fumier en deux triangles inégaux.

Le premier a pour mesure
$$\frac{8\ 25 \times 2\ 50}{2} = 10\ 312.$$

Le second a pour mesure
$$\frac{8\ 25 \times 4\ 12}{2} = 16\ 995.$$

Total 27 307

On trouve, pour surface de la base, 27 mètres quarrés 307.

Cette surface, multipliée par la hauteur 1 85, donnera la solidité du fumier.
$$27\ 307 \times 1\ 85 = 50\ 51795.$$

On trouve 50 mètres cubes 518 décimètres cubes, à 1 décimètre cube près.

PROB. 84. Si votre fumier a pour base le terrain *abcde* (fig. 3), tirez les diagonales *ca* et *ce*, et abaissez les perpendiculaires *b'f*, *cg* et *dh* : vous obtenez trois triangles dont vous calculez séparément la surface ; la somme des trois surfaces est la surface de la place à fumier. Pour avoir le volume, vous n'avez plus qu'à multiplier cette surface totale par la hauteur.

PROB. 85. Supposons qu'un fumier ait pour base le quadrilatère *abcd* (fig. 4), qui a un côté courbe *ad* ; il faudra certaines précautions pour en trouver la surface.

On tirera la ligne droite *ad* pour former une pièce régulière, puis la diagonale *ac*, ce qui partagera la place à fumier en deux triangles *adc* et *abc*, dont on calculera la surface. De la surface du premier triangle, on retranchera les petits triangles 1 et 4, puis les petits trapèzes 2 et 3.

Au lieu de recourir au procédé qui précède, et qui est assez long, on peut employer la méthode des compensations, tirer la ligne *hk* (fig. 5), qui laisse perdre les espaces de fumier *s* et *x* pour gagner l'espace *z*; on voit que les pertes *s* et *x* compensent à peu près le gain *z*. Il ne reste plus qu'à trouver la superficie du quadrilatère *khbc*.

Dans l'un et l'autre cas, après avoir trouvé la surface du fumier, on multiplie, comme plus haut, cette surface par la hauteur.

33. On a souvent besoin de prendre un certain nombre de voitures un de mètres cubes dans un tas de fumier. Voici des problèmes à ce sujet.

Prob. 86. Vous achetez 1 voiture ou 1 mètre cube de fumier dans un tas qui a 2 m. 50 de longueur et 0 m, 80 de hauteur; quelle largeur en prendrez-vous ?

Les trois dimensions du volume que l'on achète étant multipliées l'une par l'autre, doivent égaler 1 mètre cube. Mais deux de ces dimensions sont connues, la longueur 2 m. 50 et la hauteur 0 m. 80 : donc en divisant le volume 1 mètre cube par le produit de ces deux dimensions, on trouvera l'autre dimension, ou la largeur.

```
    2 5                 1 0 ⎰ 2
    0 8                 0 ⎱ 0 50   largeur cherchée.
    2 00
```

On trouve 50 centimètres.

Et, en effet, 2 50 × 0 50 × 0 80 = 1 mètre cube.

Prob. 87. Dans un autre fumier où vous devez charger 4 voitures, on vous marque une place de 1 m. 80 de largeur où le fumier a 1 m. 90 d'épaisseur : quelle longueur vous faudra-t-il ?

Raisonnant comme précédemment, je multiplie 1 80 par 1 90; le produit est 3 42; je divise le volume 4 mètres cubes par ce produit, et j'obtiens 1 mètre 17 centimètres pour longueur cherchée.

Preuve : 1 17 × 1 80 × 1 90 = 4 000.

Prob. 88 (1). Vous devez charger une voiture dans un tas de fumier qui a 1 m. 30 de hauteur ; quelle longueur et quelle largeur en prendrez-vous ?

Le volume 1 mètre cube divisé par la hauteur 1 30 donnera évidemment la surface qu'on devra prendre.

Cette surface est un carré ; pour avoir le côté de ce carré, c'est-à-dire la longueur et la largeur cherchées, il suffira d'extraire la racine carrée de la surface.

Voici les calculs :

1 00 { 1 3
 090 { 0 7692 surface.
 420
 030
 04

0 7692 { 0 877 racine.
    64 {   167
  1292   1747
  1169
 12300
 12229
   071

On trouve 877 millimètres.

Ainsi, avec 1 m. 30 de hauteur, en prenant 0 m. 877 de long et 0 m. 877 de large, on aura 1 mètre cube.

Prob. 89. Prenez 3 voitures dans un tas de fumier qui a 1 m. 33 de hauteur.

Le raisonnement est analogue au précédent.

3 00 { 1 33
 340 { 2 25
 740
  75

2 25 { 1 5
   1 {   25
 125
 125
 000

On trouve 1 mètre 50 de long et 1 mètre 50 de large.

Preuve : 1 50 × 1 50 × 1 33 = 3 000.

Prob. 90. Vous avez acheté 7 voitures ou 7 mètres cubes de fumier dans un tas beaucoup plus considérable. On vous

---

(1) Quoique très-utiles, ce problème et le suivant, exigeant une extraction de racine, devront être omis pour la plupart des élèves, qui ne seront point exercés à ces sortes de calculs.

a indiqué, pour prendre vos 7 voitures, un endroit de 2 m. 40 de longueur où le fumier a une hauteur de 1 m. 15 : quelle largeur prendrez-vous ?

Voici la solution :

$$7 \text{ m. c.} = 2\ 40 \times 1\ 15 \times x$$
$$2\ 40 \times 1\ 15 = 2\ 76.$$

Le volume 7 mètres cubes divisé par le produit 2 76 des deux dimensions connues, donne

$$7 : 2\ 76 = 2\ 536 ;$$

c'est-à-dire 2 mètres 536 millimètres pour largeur cherchée.

Ainsi, avec 2 m. 40 de longueur et 1 m. 15 de hauteur, on aura 7 voitures en prenant une largeur de 2 m. 536.

Preuve : $2\ 40 \times 2\ 536 \times 1\ 15 = 7\ 000.$

PROB. 91. Soit à présent un fumier dont le polygone $abcd$ serait la base (fig. 6), et où l'on veuille enlever 3 voitures ou 3 mètres cubes vers le côté ab. La hauteur du fumier vers ab est de 1 m. 20; ab a 6 m. 40 de longueur.

En divisant le volume 3 m. c. par la hauteur 1 m. 20, on trouve la surface de la partie à enlever, 2 m. q. 50.

Cette surface 2 50 est le produit de la longueur 6 m. 40 multipliée par une certaine largeur inconnue. Donc en divisant 2 50 par 6 40, on aura cette largeur.

On trouve 0 m. 39.

Ainsi, pour avoir 3 voitures le long de ab, on prendra 39 centimètres de large. Mais comme les côtés ad et bc ne sont pas parallèles, voici comment on prendra les 39 centimètres.

De a en k on mesurera avec un mètre 39 centimètres; un peu plus loin, de s en m, de n en o, on en fera autant, jusqu'à ce qu'on soit arrivé à une longueur kp égale à ab; il restera au-dessus de bp le petit triangle de fumier pbr.

CUBAGE

DES FOSSÉS ET DES TERRAINS EN PENTE A DÉBLAYER.

34. Prob. 92. Un fossé a 42 mètres de long sur 2 m. 20 de large dans le haut et 1 m. 40 dans le bas ; sa profondeur est de 0 m. 55. Combien en a-t-on retiré de mètres cubes de terre ?

Pour avoir ce volume, il faut multiplier la largeur moyenne du fossé par sa profondeur et le produit par sa longueur.

Voici pourquoi :

Nous avons vu qu'on obtient le volume d'un corps en multipliant la surface de sa base par sa hauteur. Or on peut considérer le fossé comme un grand solide de 42 m. de hauteur dont les deux extrémités ou bases sont terminées par un trapèze *abcd* (fig. 7). Donc en multipliant la surface de ce trapèze-base par la longueur 42 m., on aura le volume du fossé.

```
2 2  larg. supér. du fossé ou gr. base du trap.
1 4  larg. inf. ou petite base.
───
3 6  somme.
1 8  larg. moy. du fossé ou base moy. du trap.

    1 8  larg. moy. ou base moy.
    0 55 prof. du fossé ou haut du trap.
    ────
     90
     90
    ─────
    0 990 surf. du trapèze.

         0 99 surface.
           42 long. du fossé.
         ─────
         198
         396
         ─────
         41 58 vol. du fossé.
```

— 38 —

On a extrait de ce fossé 41 mètres cubes 580 décimètres de terre.

PROB. 93. On a fait creuser un fossé dont la longueur est de 70 mètres, la largeur supérieure de 1 m. 80, la largeur du fond de 1 m. 04 et la profondeur de 0 m. 50. Combien en a-t-on retiré de mètres cubes de terre ?

```
   1 80 base supérieure.        1 42 base moy.
   1 04 base inférieure.        0  5 prof. du fossé ou haut
   2 84 somme.                       du trap.
   1 42 base moy.              0 710
      0 710 surf. du trap. qui est la base du fossé.
         70 long. du fossé.
      49 700 volume.
```

On trouve 49 mètres cubes 700 décimètres cubes.

35. PROB. 94. Supposons maintenant qu'on ait à faire le déblai d'un terrain en pente. Admettons que la longueur de ce terrain soit de 12 m., la hauteur verticale de 3 m. 10, et la ligne de niveau ou projection horizontale de 6 m. 50. Combien y aura-t-il de mètres cubes de terre à enlever ?

Il est facile à comprendre qu'on peut considérer le terrain à déblayer comme un solide qui s'étend sur une longueur de 40 m. et dont les deux extrémités ou *bases* sont des triangles rectangles. Ces triangles ont 3 m. 10 de hauteur et 6 m. 50 de base (fig. 8).

Or, on obtient le volume d'un corps en multipliant la surface de sa base par sa hauteur. Donc on aura le volume du terrain à déblayer en multipliant la surface du triangle *abc* par la longueur 12 mètres.

```
         6 5  base du triang.
         3 1  haut. du triang.
         ──
         65
        195
        ─────
        20 15
        10 075 surf. du triang.
        10 075 surface.
            12 longueur.
        ─────
        20150 volume.
```

Il y aura 120 mètres cubes 900 décimètres cubes de terre à enlever.

36. La géométrie définit le *prisme, un solide dont les bases opposées sont des polygones égaux et parallèles et les faces ou côtés des parallélogrammes.*

Cette définition s'applique évidemment aux fossés et aux terrains en pente à déblayer.

Les fossés sont donc des *prismes*.

Le volume du prisme est égal au produit de sa base par sa hauteur.

MESURE DES TONNEAUX.

37. Aucune des méthodes employées pour la mesure des tonneaux ne donne rigoureusement la capacité, et la *jauge* elle-même, encore assez souvent en usage, ne donne pas un résultat plus exact.

Le moyen le plus simple, le plus court et le seul d'obtenir exactement la capacité d'un tonneau, c'est de le remplir d'eau avec le décalitre ou le double-décalitre (1).

Néanmoins, voici une règle dont on peut, au besoin, faire usage, par exemple lorsque le tonneau est rempli et qu'on a besoin de connaître sa contenance.

RÈGLE. Pour obtenir la capacité d'un tonneau, doublez le diamètre du bouge (2), ajoutez à ce double diamètre le diamètre moyen des fonds et divisez la somme par 3 : vous obtenez ainsi le diamètre moyen du tonneau ; cherchez la surface du cercle qui aurait ce diamètre, et multipliez cette surface par la longueur intérieure du tonneau.

PROB. 95. Quelle est la contenance d'un tonneau dont la

(1) C'est aussi le seul moyen d'obtenir rigoureusement la capacité d'une chaudière, d'un baquet, d'un cuveau, d'une seille, etc.

(2) Le renflement du tonneau vers le milieu, où se trouve la *bonde*, se nomme le *bouge*. Le diamètre du bouge est donc le plus grand diamètre du tonneau pris par la bonde.

longueur intérieure est de 1 m. 02, le diamètre du bouge de 0 m. 68 et le diamètre moyen des fonds de 0 m. 59 ?

```
      0 68              1 36 double diam. du bouge.
        2               0 59 diam. moyen des fonds.
      ————              ————
      1 36              1 95 somme.

   1 95 ( 3             3 1416 rapport.
   15  ( 0 65 diam. moy.   0 65 diam. du tonn.
    0                    ———————
                         157080
                         188496
                         ————————
                         2 042040 circonf.

   0 65 ( 4             2 042 circonf.
    25  ( 0 1625        0 1625 demi-rayon.
    10                   —————
    20                   3250
     0                   6500
                        32500
                        ———————
                        0 3318250 surface.
                        1 02 long. du tonneau.
                        ————————
                        663650
                        3318250
                        ——————————
                        0 33846150 cap. du tonneau.
```

La capacité du tonneau est de 338 décimètres cubes 461 centimètres cubes, ou 338 litres 46 centilitres.

Prob. 96. Un tonneau a une longueur intérieure de 1 m. 82 ; le diamètre du milieu est de 0 m. 98 et celui des fonds de 0 m. 80. On demande la capacité de ce tonneau.

Le double diamètre du bouge =

$$0\ 98 \times 2 = 1\ 96.$$

Le diamètre des fonds ajouté à ce double diamètre =

$$1\ 96 \times 0\ 80 = 2\ 76.$$

En divisant cette somme 2 76 par 3, on aura le diamètre moyen du tonneau.

$$2\ 76 : 3 = 0\ 92.$$

— 41 —

On trouve 0 m. 92. Nous avons maintenant à chercher la surface d'un cercle qui aurait ce diamètre.

La circonférence de ce cercle serait égale à

$$0\ 92 \times 3\ 1416 = 2\ 89.$$

Le demi-rayon à

$$0\ 92 : 4 = 0\ 23.$$

Et enfin la surface à

$$2\ 89 \times 0\ 23 = 0\ 6647.$$

La surface du cercle moyen du tonneau étant de 0 6647, on aura la capacité en multipliant cette surface par la longueur intérieure 1 82.

$$0\ 6647 \times 1\ 82 = 1\ 209754,$$

c'est-à-dire 1209 litres 75 centilitres, ou 12 hectolitres 9 litres 75 centilitres.

PROB. 97. Combien vaut, à 35 fr. l'hectolitre, le vin contenu dans un tonneau dont le diamètre du bouge est de 0 m. 60, le diamètre des fonds de 0 m. 55, et la longueur intérieure de 0 m. 80 ?

PROB. 98. On demande la capacité d'une futaille dont la longueur intérieure est 1 m., le diamètre du milieu 0 m. 45, et le diamètre moyen des fonds 0 m. 41.

COMMENT ON PEUT DÉTERMINER

LE VOLUME D'UN CORPS IRRÉGULIER QUELCONQUE.

38. 1° Si le corps est petit, on prend un vase exactement rempli d'eau ; on le pèse, puis on y introduit le corps proposé ; ce corps chasse évidemment une quantité d'eau égale à son volume : on le retire, et on pèse de nouveau le vase : le nombre de grammes que l'on trouve de moins à la seconde pesée indique le volume du corps en centimètres cubes. On se rappelle, en effet, que un centimètre cube d'eau pèse un gramme.

Supposons que le vase plein d'eau pèse 1243 gr.; après avoir introduit et retiré le corps, on ne retrouve plus que 586 gr. : quel est le volume du corps introduit ?

Ce corps a fait sortir du vase 1243—586 = 657 gr. d'eau, ou 657 centimètres cubes d'eau, puisque 1 centimètre cube d'eau pèse 1 gr. : son volume est donc de 657 centimètres cubes.

Ce procédé n'est pas très-exact, mais il suffit dans les usages ordinaires.

39. 2° Si le corps proposé a un volume assez considérable, prenez un tonneau, un cuvier, une caisse, et mettez-y assez d'eau pour que le corps puisse y être entièrement plongé : marquez le point d'élévation de l'eau; puis introduisez le corps et marquez un second point d'élévation. Retirez le corps irrégulier, et remettez, sans mesurer, l'eau au premier point. Versez ensuite, en mesurant, de l'eau jusqu'au second point d'élévation : le nombre de litres que vous aurez ajouté pour faire monter l'eau du point inférieur au point supérieur sera en décimètres cubes le volume du corps plongé.

On obtient aisément, par ce moyen, le volume d'un bloc de pierre, d'un billot de chêne, d'un fagot d'épines, etc.

Note sur les densités.

40. Tous les corps n'ont pas le même poids sous le même volume. Par exemple, une planche de chêne est plus pesante qu'une planche de sapin qui aurait les mêmes dimensions; un lingot d'or pèse plus qu'un lingot d'argent de même volume.

Le chêne, le sapin, l'or, l'argent, et tous les corps, ont, sous le même volume, un poids particulier qui les *spécifie* et les distingue les uns des autres : ce poids spécial est appelé le *poids spécifique* ou la *densité* du corps.

41. Pour obtenir la densité d'un corps, on divise le poids d'un volume quelconque de ce corps par le poids d'un égal volume d'eau distillée.

L'eau est *l'unité* de densité.

42. D'après cela, on peut dire que *la densité ou le poids spécifique d'un corps est le nombre de fois que le poids de ce corps contient le poids d'un égal volume d'eau distillée.*

Dire que la densité ou le poids spécifique d'un corps est 7, c'est dire que ce corps pèse 7 fois plus qu'un pareil volume d'eau pure. Si un corps a 0 45 pour densité, il ne pèse que les 45 centièmes d'un égal volume d'eau.

43. Nous donnons plus bas la table des poids spécifiques des corps les plus importants ou les plus usuels.

La table des densités ou des poids spécifiques sert à trouver le poids d'un corps lorsque l'on connaît le volume de ce corps.

44. *Détermination du poids d'un corps par la connaissance de son volume et de sa densité.* — Si l'on connaît le volume d'un corps, rien de plus facile que d'en trouver le poids.

Soit un corps ayant pour volume 24 décimètres cubes et pour densité 8.

On sait que 1 décimètre cube d'eau distillée pèse 1 kilogramme. Si donc le corps en question était de l'eau, il pèserait 24 kilogrammes. Mais ce corps a pour densité 8 ; il pèse, conséquemment, 8 fois plus qu'un pareil volume d'eau ; son poids est donc égal à 24×8 ou 192 kilogrammes.

Soit encore à trouver le poids d'un bloc de pierre dont le volume serait 1 m. c., 254 380. La densité de la pierre ordinaire est 2.

Si cette pierre était de l'eau, elle pèserait 1 kilogramme répété autant de fois que le volume 1 m. c., 254 380 contient de décimètres cubes, c'est-à-dire 1254 kilogrammes 380 grammes. Mais la pierre a pour densité 2 : son poids est donc $1254, 380 \times 2 = 2508$ k. 760.

Donc : *pour avoir le poids d'un corps, il suffit de multiplier le volume de ce corps par sa densité, le volume étant exprimé en décimètres cubes on a le poids en kilogrammes.*

Si la densité est moindre que 1, la règle est la même.

Ainsi, la densité de l'huile d'olive étant 0 91, 7 litres de cette huile pèseront $7 \times 0.91 = 6$ k. 37.

45. Il y a une telle liaison entre ces trois choses, *volume, poids, densité*, que deux quelconques d'entre elles étant connues, on peut très-facilement déterminer la troisième. Ainsi, nous venons, avec le volume et la densité, de déterminer le poids ; avec le poids et la densité, on détermine le volume ;

et enfin avec le volume et le poids, on peut déterminer la densité. C'est ce que nous allons montrer.

* 46. *Détermination du volume d'un corps par la connaissance de son poids et de sa densité.* — Si le poids et la densité du corps sont connus, il est aisé de trouver le volume de ce corps.

En effet, d'après ce que nous venons de voir, le poids est le résultat de la multiplication du volume (exprimé en décimètres cubes) par la densité. Le poids est donc un produit de deux facteurs, le volume et la densité : donc en divisant ce produit par le facteur connu, la densité, on aura l'autre facteur ou le volume en décimètres cubes.

Soit un corps dont le poids est 740 kilogr. et la densité 3. Le volume est égal à 740 : 3.

```
 740  ( 3
  14  ( 246 666
  20
  20
```

On trouve 246 décimètres cubes, 666 centimètres cubes.

* 47. *Détermination de la densité d'un corps par la connaissance de son volume et de son poids.* — La connaissance du volume et du poids peut également servir à trouver la densité.

Soit un corps ayant un volume de 1 m. c., 056 et un poids de 2851 k. 2. Ce poids est le produit de la multiplication du volume exprimé en décimètres cubes par la densité. Donc en divisant ce poids par le volume 1 056, on trouvera la densité.

$$2851\ 2 : 1\ 056 = 2\ 70.$$

La densité du corps est donc 2 70.

Table des densités.

Eau pure ou distillée	1 00	Plomb	11 35
Platine laminé	22 06	Argent fondu	10 47
Or fondu	19 25	Cuivre	8 78

— 45 —

Acier	7 80	Frêne	0 84
Fer en barre	7 78	Tremble	0 84
Etain	7 30	Erable	0 75
Fer fondu	7 21	Pommier	0 73
Fonte	7 20	Prunier	0 72
Zinc	7 19	Cerisier	0 71
Diamant	3 53	Saule	0 68
Marbre	2 71	Orme	0 67
Verre blanc	2 50	Noyer	0 67
Craie	2 25	Poirier	0 66
Brique	2 16	Coudrier	0 60
Pierre à bâtir	2 00	Tilleul	0 60
Soufre	2 00	Pin silvestre	0 60
Ivoire	2 00	Sapin	0 55
Tuile	2 00	Peuplier blanc	0 53
Sel marin	1 92	Peuplier ordinaire	0 38
Sable pur	1 90	Liége	0 24
Terre glaise	1 90	Eau pure	1 00
Terre argileuse	1 60	Mercure	13 59
Terre végétale	1 40	Lait	1 03
Sucre blanc	1 60	Eau de mer	1 02
Houille	1 33	Cidre	1 01
Cire jaune	0 96	Vin	0 99
Lard	0 95	Huile de lin	0 94
Beurre	0 94	Huile de noix	0 92
Suif	0 94	Huile de navette	0 92
Glace	0 90	Huile de pavot	0 92
Ebénier	1 33	Huile d'olive	0 91
Chêne de 60 ans	1 17	Huile de faine	0 91
Charme	0 96	Eau-de-vie	0 86
Bouleau	0 96	Alcool absolu	0 79
Buis	0 91	Air	0 0013
Hêtre	0 85	Vapeur d'eau	0 0008

Problèmes sur la mesure des solides.

Prob. 99. Un maçon payé à 9 fr. 50 le mètre cube, a élevé un mur de clôture ayant 92 m. 86 de longueur, 1 m. 65 de hauteur et 0 m. 44 d'épaisseur. Combien a-t-il reçu ?

100. Quelle est la solidité d'un bois équarri de 5 m. 34 de longueur, dont les dimensions au milieu de la longueur sont, l'une de 0 m. 61, l'autre de 0 m. 48 ?

101. Une pièce de bois en grume a 6 m. 55 de longueur avec une circonférence au gros bout de 2 m. 12 et une circonférence au petit bout de 1 m. 74. On demande : 1° le volume total de cet arbre ; 2° son volume au 6e déduit.

102. Une citerne à base carrée à 1 m. 20 de côté et 28 m. de profondeur : quelle est sa capacité ?

103. Une citerne à base circulaire a 0 m. 95 de diamètre et 22 m. de profondeur : trouver sa capacité.

104. Combien y a-t-il de stères dans un bois équarri de 4 m. 24 de longueur, sur 0 m. 51 et 0 m. 38 d'équarrissage ?

105. Quel est le poids de 5 mètres cubes d'air ?

106. Combien y a-t-il d'hectolitres d'eau dans un bassin rond de 2 m. 26 de profondeur et 12 m. 50 de diamètre.

107. Quel est le poids d'un litre d'eau-de-vie ordinaire ?

108. On demande la capacité d'un tonneau dont le diamètre du bouge est de 1 m. 14, le diamètre moyen des fonds de 0 m. 95 et la longueur intérieure de 1 m. 90.

109. Combien 100 litres de bon vin pèsent-ils de moins que 100 litres d'eau ?

110. Un bois de charpente a 0 m. 85 sur 0 m. 79 d'équarrissage ; sa longueur est de 3 m. 94 : quelle est sa solidité ?

111. On demande les dimensions de l'équarrissage, au 5e déduit, d'un arbre en grume dont la circonférence moyenne est de 2 m. 11.

112. On demande le poids d'un mètre cube de glace.

113. Un fumier de 0 m. 83 de hauteur a pour base un trapèze dont les côtés parallèles sont de 4 m. 35 et 3 m. 58 et la hauteur de 5 m. 62. Quelle est la solidité de ce fumier ?

114. Un tuyau de poêle, improprement appelé corps de fourneau, a 0 m. 11 de diamètre intérieur et 1 m. 25 de hauteur. Combien pourrait-il contenir de litres de blé ?

115. Un tas de sable est dressé en forme de tronc de pyramide : la superficie de sa base inférieure est de 12 m. q. 1624, la superficie de sa base supérieure est de 9 m. q. 8254, et sa hauteur de 0 m. 50. Quelle est sa solidité ?

116. Quel serait l'équarrissage, au 5ᵉ déduit, d'un bois rond dont la circonférence moyenne est de 3 mètres ?

117. Une pierre de taille vendue à raison de 30 fr. le mètre cube a 1 m. 94 de longueur, 0 m. 52 de largeur et 0 m. 48 d'épaisseur. Combien recevra le carieur ?

118. Un hêtre en grume a 6 m. 25 de longueur avec une circonférence au milieu de 1 m. 75. Trouver son volume et son poids.

119. 5 stères de bois coûtent 48 fr. ; quel est le prix du décistère et du décimètre cube ?

120. Si le mètre carré de maçonnerie coûte 2 fr. 95, combien payera-t-on pour un mur de clôture qui a 29 m. 85 de longueur et 1 m. 66 de hauteur ?

121. Quelle est la capacité d'une futaille dont le diamètre du milieu est de 0 m. 85, le diamètre des fonds de 0 m. 80, et la longueur intérieure de 2 mètres ?

122. Un vase peut contenir 8 kilogr. 128 gr. d'eau pure. Quelle est sa capacité ?

123. On veut faire creuser un fossé dont la longueur sera de 66 mètres, la largeur supérieure de 2 m. 60, la largeur du fond de 1 m. 80 et la profondeur verticale de 1 m. 20. Combien recevra l'ouvrier chargé de ce travail, si on le paye à raison de 75 centimes le mètre cube ?

124. Une citerne a 4 m. 30 de longueur, 3 m. 50 de largeur et 3 m. 33 de hauteur. Combien pourrait-elle renfermer d'hectolitres d'eau ?

125. Un journalier a cassé, à 1 fr. 25 le mètre cube, un tas de pierres qu'il a dressé en forme de tronc de pyramide. La surface de la base inférieure est de 18 m. q. 1252, la surface de la base supérieure est de 14 m. q. 7586, et la hauteur du tas de 0 m. 68. Combien doit-on à cet ouvrier ?

126. On demande le poids d'un lingot cylindrique d'argent ayant une hauteur de 2 décimètres et un diamètre de 25 millimètres. — Combien pourrait-on faire de pièces de 5 fr. avec ce lingot ?

127. Combien pèse un madrier, essence noyer, qui a 4 m. 31 de longueur, 0 m. 56 de largeur et 0 m. 12 d'épaisseur ?

128. Combien a-t-on extrait de mètres cubes de terre d'un fossé ayant 56 mètres de longueur, sur 2 m. 33 de largeur

dans le haut, 1 m. 73 de largeur dans le bas et 1 mètre de profondeur ?

129. On veut construire une citerne cylindrique qui puisse contenir 150 hectolitres d'eau. Si la largeur ou diamètre est de 2 m. 40, quelle sera la profondeur ?

130. On doit prendre 10 voitures ou 10 mètres cubes dans un énorme tas de fumier présentant une largeur de 6 m. 15 et une hauteur de 2 m. : quelle longueur en faudra-t-il ?

131. On demande la solidité d'une pièce de bois équarrie qui porte 0 m. 60 sur 0 m. 50 au milieu de la longueur, à égale distance des deux bouts ; la longueur est de 9 m. 20.

132. L'abreuvoir d'une fontaine présente la forme d'un parallélipipède rectangle de 15 m. 30 de longueur, 1 m. 13 de largeur et 0 m. 88 de profondeur. Combien contient-il de litres d'eau ?

133. Combien de stères sont contenus dans une pièce en grume de 8 m. 74 de long sur 0 m. 58 de diamètre au gros bout et 0 m. 34 au petit bout ?

134. Combien est-il entré de bois dans une table rectangulaire de 2 m. 78 de longueur sur 1 m. de largeur et 21 millimètres d'épaisseur ?

135. Une pièce équarrie a 4 m. 28 de longueur ; les dimensions de l'équarrissage sont de 0 m. 51 sur 0 m. 43 au gros bout, et de 0 m. 45 sur 0 m. 37 au petit bout. Combien ce bois contient-il de stères ?

136. Quel est le poids d'un décimètre cube de plomb ?

137. Un vase rempli d'eau pèse 4 kilogr. 242 ; vide, le vase pèse 1 k. 927. Quelle est sa capacité ?

138. Une pile de bois a 3 m. 25 de longueur, 1 m. 80 de hauteur et 0 m. 66 de bûche. Combien contient-elle de stères ?

139. Une pièce de bois équarrie a 0 m. 82 sur 0 m. 76 d'équarrissage. Quelle longueur doit-on prendre dans cette pièce pour avoir un stère ?

140. Un cheval traîne un demi-mètre cube de sable : quelle est sa charge ?

141. Une caisse peut contenir 25 doubles-décalitres de blé ; sa longueur est de 1 m. 31 et sa hauteur de 0 m. 65 : on demande sa largeur.

142. Déterminez l'équarrissage, au 6ᵉ déduit, d'une pièce

de bois en grume ayant 1 m. 77 de circonférence au gros bout et 1 m. 29 au petit bout. — La longueur de ce bois étant 8 m. 19, combien vaudra-t-il, équarri, s'il est vendu à raison de 45 fr. le mètre cube ?

143. Un fossé a 80 m. de longueur et 1 m. 20 de profondeur ; sa largeur supérieure est de 2 m., la largeur du fond est de 1 m. 40. Combien en a-t-on retiré de mètres cubes de terre ?

144. Le kilogramme d'argent pur vaut 222 fr. 22 ; d'après cela, combien vaudrait, s'il était d'argent pur, le bloc de pierre du problème 1er, lequel a un volume de 1 m. c. 1065 ?

145. Le kilogramme d'or pur vaut 3444 fr. 44. Quelle est la valeur de 1 décimètre cube d'or pur ?

146. Un bois en grume a une circonférence au gros bout de 1 m. 26, une circonférence au petit bout de 0 m. 90 ; sa longueur est de 5 m. 55. Déterminez : 1° le volume total de cet arbre ; 2° le volume, calculé au 6e déduit, que donnera cet arbre lorsqu'il sera équarri.

147. On doit prendre 6 voitures dans un tas de fumier. Le lieu indiqué dans le tas a 1 m. 26 de hauteur et 3 m. 95 de largeur : déterminez la longueur.

148. Comment trouveriez-vous le volume d'un fagot d'épines ?

151. Une pièce de chêne équarrie a 0 m. 68 sur 0 m. 56 au gros bout, 0 58 sur 0 m. 49 au petit bout ; la longueur de la pièce est de 3 m. 50. On demande le volume.

149. Combien vaudra, équarrie, une pièce de bois en grume de 7 m. 65 de longueur sur 2 m. 52 de circonférence à la base, et 1 m. 92 à la tête, au 6e déduit et à 40 fr. le stère ?

150. On a acheté 6 mètres cubes de tuiles. Combien faudrait-il de chevaux pour les transporter, chaque cheval pouvant traîner 15 quintaux métriques ?

101. Un vase rempli d'eau pure pèse 18 kilogr. ; vide, il pèse 4 k. 582. Quelle est sa capacité ?

152. Quelle est la solidité d'un bois rond qui a 6 m. 82 de longueur, 1 m. 47 de circonférence au gros bout et 1 m. 16 au petit bout ? — Trouver aussi quel volume, calculé au 5e déduit, aura cet arbre lorsqu'il sera équarri.

153. Un petit tonneau rempli d'huile d'olive pèse 25 kilogr.; vide, il pèse 9 k. 7. Quelle est sa capacité ?

154. Un corps introduit dans un vase rempli d'eau a fait sortir de ce vase 3 litres 5 centilitres du liquide : quelle est la solidité de ce corps ?

155. Quelle est la contenance d'un tonneau dont le diamètre du bouge est de 1 m. 39, le diamètre des fonds de 1 m. 12 et la longueur intérieure de 2 m. 30 ?

156. Vous devez prendre 1 voiture et demie ou 1 mètre cube 500 décimètres cubes dans un tas de fumier, et cela sur une longueur de 2 m. 52 dans un endroit où le fumier a 0 m. 76 de hauteur : quelle largeur vous faudra-t-il ?

157. Un vase parfaitement rempli d'eau pèse 6 k. 123. On plonge dans le vase un corps brut qui fait sortir une certaine quantité d'eau. On pèse de nouveau, après avoir retiré le corps, et on ne trouve plus que 4 k. 926 : on demande la solidité du corps introduit.

158. L'équarrissage d'une pièce de bois mesuré au milieu de la pièce est de 0 m. 45 sur 0 m. 46. On demande la solidité, la longueur étant 8 m. 17.

159. Une pièce en grume a 3 m. 97 de longueur ; sa circonférence, mesurée au milieu de la longueur, est de 1 m. 34. Calculez : 1° le volume actuel de cet arbre ; 2° son volume au 6ᵉ déduit.

160. On a plongé un corps irrégulier dans un vase de forme cubique parfaitement rempli d'eau ; après avoir retiré ce corps, on a mesuré dans le vase un vide de 16 centim. de hauteur. Quel est le volume du corps plongé, le vase ayant 5 décimètres de longueur sur 2 décimètres de largeur ?

SECONDE PARTIE.

SIMPLES NOTIONS

pour les élèves qui doivent suivre assez longtemps l'école.

DÉFINITIONS.

48. Un *corps* ou *solide* est tout ce qui réunit les trois dimensions, *longueur*, *largeur* et *hauteur*.

La géométrie reconnaît deux sortes de corps : les *polyèdres* et les *corps ronds*.

I. Polyèdres.

49. On appelle *polyèdres* les corps dont toutes les faces sont des polygones.

On appelle *arêtes* d'un polyèdre les intersections de deux faces.

50. Il existe plusieurs espèces de polyèdres : le *prisme*, le *parallélipipède*, le *cube*, la *pyramide* et le *polyèdre proprement dit*.

51. On appelle *prisme* le solide dont les deux bases opposées sont des polygones égaux et parallèles, et dont toutes les autres faces ou côtés sont des parallélogrammes (1), fig. 1, 2 et 3.

52. Le prisme est triangulaire, quadrangulaire, pentagonal, etc., selon qu'il a pour base un triangle, un quadrilatère, un pentagone, etc.

---

(1) Par *parallélogramme*, on entend le *quarré*, le *rectangle*, le *losange*, et le *rhombe* ou *parallélogramme proprement dit* (fig. 28, 29, 30 et 31).
Toutes ces figures sont, en effet, des parallélogrammes, puisque dans chacune d'elles les côtés sont parallèles deux à deux.

La figure 1 représente un prisme triangulaire, la figure 2 un prisme pentagonal.

Les équerres dont on se sert pour dessiner sont des prismes triangulaires dont la hauteur est l'épaisseur de l'équerre.

53. La hauteur d'un prisme est la distance de ses deux bases, c'est-à-dire la perpendiculaire abaissée de la base supérieure sur la base inférieure ou sur son prolongement.

54. Un prisme est *droit*, lorque les arêtes ou les côtés sont perpendiculaires aux bases. Alors la hauteur du prisme est égale aux côtés. Les figures 1 et 2 sont des prismes droits.

55. Un prisme est *oblique* lorsque les côtés sont inclinés sur les bases. Dans ce cas, la hauteur est plus petite que le côté. La figure 3 est un prisme oblique, dont la hauteur est la perpendiculaire *dh*.

56. Lorsque le prisme a pour bases des parallélogrammes, il prend le nom de *parallélipipède*.

Donc,

Le *parallélipipède* est un solide formé par six parallélogrammes, parallèles et égaux deux à deux, fig. 4.

57. On appelle *parallélipipède rectangle* le parallélipipède dont toutes les faces sont des rectangles ou dont quelques-unes sont des rectangles, et les autres des quarrés.

La plupart des parallélipipèdes sont des parallélipipèdes rectangles.

Un coffre, une caisse, un mur, le tableau noir, les briques, les carreaux de vitre, etc., sont des parallélipipèdes.

58. Lorsque les six faces du prisme ou parallélipipède sont des quarrés, il prend le nom de *cube*.

Donc,

On appelle *cube* le solide dont les six faces sont des quarrés égaux, fig. 5.

59. On voit, par ces définitions, que le parallélipipède et le cube ne sont que des variétés du prisme.

Le parallélipipède rectangle et le cube sont des prismes droits.

60. On appelle *pyramide* le solide qui a pour base un polygone quelconque, et pour côtés des triangles dont les

sommets vont se réunir en un même point, qu'on appelle le sommet de la pyramide, fig. 6 et 7.

Les pointes des compas sont des pyramides.

61. La pyramyde est triangulaire, quadrangulaire, etc., suivant que sa base est un polygone de 3, 4, etc, côtés.

La figure 6 est une pyramide triangulaire; la figure 7 une pyramide pentagonale.

La pyramide triangulaire est le plus simple des polyèdres : ce solide n'a, en effet, que quatre faces, trois faces latérales et la base.

62. La hauteur de la pyramide est la perpendiculaire abaissée du sommet sur la base ou sur son prolongement.

63. Quand le polyèdre ne se trouve ni dans l'un ni dans l'autre des cas que nous venons de voir, on l'appelle simplement un *polyèdre*.

II. Corps ronds.

64. Il y a trois corps ronds : le *cylindre*, le *cône* et la *sphère*.

65. Le *cylindre* est un corps rond dont les deux bases opposées sont des cercles égaux et parallèles, fig. 8.

On peut le concevoir formé par la révolution d'un rectangle tournant autour d'un de ses côtés considéré comme *axe*.

Les crayons, les tuyaux de poêle, les porte-plumes, les aiguilles à tricoter, etc., sont des cylindres.

66. Le *cône* est un solide dont la base est un cercle et le sommet un point, de telle manière qu'une règle droite appliquée sur la surface, de la base au sommet, coïncide dans toutes ses parties, fig. 9.

Un pain de sucre donne l'idée d'un cône.

On peut regarder le cône comme produit par la révolution d'un triangle rectangle tournant autour d'un des côtés de l'angle droit, lequel côté est considéré comme *axe*.

67. La *sphère* est un corps rond qui a tous les points de sa surface également éloignés d'un point intérieur qu'on appelle *centre*, fig. 10.

La sphère s'appelle aussi *boule* ou *globe*.

Les billes de billard, les billes ou globules qu'emploient les enfants dans leurs jeux, les boules à jouer aux quilles, sont des sphères.

68. Il y a dans la nature une infinité de corps qui ne sont ni des *polyèdres* ni des *corps ronds* : mais ces corps irréguliers peuvent toujours se diviser en parties qui se rapportent soit aux polyèdres, soit aux corps ronds.

MESURE DES SOLIDES.

69. *Mesurer un solide*, c'est chercher combien de fois il contient un autre solide pris pour unité.

De tous les solides, on a choisi le cube pour unité de volume, car il est le plus régulier. C'est pourquoi le calcul des volumes s'appelle aussi *cubage;* on dit souvent *cuber un corps* au lieu de *mesurer le volume d'un corps.*

Le cube pris pour unité de mesure est celui dont l'arête est de 1 mètre; en d'autres termes, c'est le *mètre cube.*

Mesurer un solide, c'est donc chercher combien ce solide contient de mètres cubes, de décimètres cubes, de centimètres cubes, etc.

70. Il faut savoir donner leur véritable signification aux mots *corps, solide, volume, solidité* et *capacité.*

Les mots *corps* et *solide* désignent l'objet lui-même; les mots *volume* et *solidité* indiquent combien de fois cet objet contient le mètre cube. Ainsi, on dit : ce corps ou solide a un volume ou une solidité de tant de mètres cubes. Mais remarquons que dans la pratique on dit souvent *un volume* pour désigner *un solide.*

Quant aux mots *volume* et *capacité*, il y a entre eux cette différence que le mot *capacité* s'applique spécialement au volume intérieur, et le mot *volume* ou *solidité* au volume total de l'objet. On dit donc : la capacité d'un tonneau, d'un grenier à blé; le volume ou la solidité d'un bois, d'un bloc de pierre, etc.

— 55 —

On voit que la capacité d'un tonneau n'est pas le volume de ce tonneau. La capacité est le nombre de litres que le tonneau peut contenir, et le volume, outre la capacité, comprend encore le volume des douves et des fonds.

Cependant, souvent, dans la pratique, on prend l'un pour l'autre les mots *capacité*, *volume* ou *solidité*.

VOLUME DU PRISME.

71. *Le volume du prisme est égal au produit de la surface de sa base par sa hauteur*.

On se rappelle (55) que la hauteur d'un prisme est la perpendiculaire abaissée de la base supérieure sur la base inférieure ou sur son prolongement.

Appliquons cette règle à quelques exemples.

Prob. i. Quelle est la solidité du prisme hexagonal oblique représenté par la figure 11 ? On a calculé la superficie de l'hexagone qui lui sert de base, et on a trouvé 3 m. q. 8254 ; la hauteur sh abaissée sur le prolongement de la base est de 5 m. 14.

D'après la règle précédente, on a :

Vol. du prisme = 3 8254 × 5 14.

3 8254 base.
5 14 hauteur.
———————
153016
38254
191270
———————
19 662556 volume.

On trouve 19 mètres cubes 662 décimètres cubes 556 centimètres cubes.

Prob. ii. Quelle est la solidité d'un prisme de 10 m. 30 de longueur ayant pour base le trapèze *abcd*, fig. 12? Les côtés parallèles de ce trapèze sont, l'un de 2 m. 16, l'autre de 1 m. 40, et sa hauteur est de 0 m. 90.

— 56 —

Ce prisme est un prisme quadrangulaire. Tous les fossés ont cette forme. Sa mesure est égale à la surface de sa base multipliée par sa hauteur.

$\left.\begin{array}{r}2\ 16\\ 1\ 40\end{array}\right\}$ côtés parallèles du trapèze.

3 56 somme.
1 78 base moyenne du trapèze.

1 78 base du trapèze.
0 9 haut. du trapèze.
──────
1 602 surface du trap. ou de la base du prisme.

1 602 surf. de la base du pr.
10 3 haut du pr.
──────
4806
16020
──────
16 5006 vol. du prisme.

Le prisme ou fossé en question a donc un volume de 16 mètres cubes 500 décimètres cubes 600 centimètres cubes.

Prob. iii. Un terrain en pente à déblayer présente 18 m. de longueur; la ligne de niveau ou projection horizontale a 5 m. 20, la hauteur verticale a 2 m. 10. Combien y a-t-il de mètres cubes de terre à enlever ?

Ce terrain est un prisme triangulaire dont la base est représentée par le triangle *abc*; fig. 13. La surface de la base est égale à

$$\frac{5\ 20 \times 2\ 10}{2} = 5\ 46.$$

Cette surface multipliée par la longueur du prisme donnera le volume demandé.

$$5\ 46 \times 18 = 98\ 280;$$

c'est-à-dire 98 mètres cubes 280 décimètres cubes.

Prob. iv. On demande la solidité d'une petite équerre à dessiner.

Cette équerre est un prisme triangulaire. Son volume est,

par conséquent, égal à la surface de sa base multipliée par sa hauteur.

La surface de la base est précisément la surface du triangle que forme l'équerre, et la hauteur du prisme est l'épaisseur de l'équerre.

Supposons que les deux côtés de l'angle droit soient, l'un de 14 centimètres, l'autre de 12 centimètres, et l'épaisseur de l'équerre de 2 millimètres.

Le volume cherché sera égal à

$$(0\ 14 \times 0\ 06) \times 0\ 002 = 0\ 0000168.$$

Le volume de l'équerre est donc de 16 centimètres cubes 800 millimètres cubes.

PROB. V. Un arbre de roue de moulin ou de roue hydraulique quelconque à 6, 8, 10, etc., faces, est un vrai prisme. Pour en avoir le volume, il suffit de chercher la surface du polygone qui lui sert de base et de multiplier cette surface par la hauteur de l'arbre.

Mesure du parallélipipède.

72. Nous avons vu que le parallélipipède n'est autre chose qu'un prisme dont les bases sont des parallélogrammes. Ces parallélogrammes sont généralement des rectangles ou des quarrés.

Le volume du parallélipipède, comme celui du prisme, *est égal au produit de la surface de sa base par sa hauteur.*

Ou, ce qui est la même chose, *le volume du parallélipipède est égal au produit de ses trois dimensions, longueur, largeur et hauteur.*

PROB. VI. Soit un parallélipipède dont la base a 1 m. 82 de long sur 1 m. 34 de large, et la hauteur 3 m. 45 : quelle est la solidité de ce parallélipipède?

Sa solidité est égale à

$$1\ 82 \times 1\ 34 \times 3\ 45 = 8\ 413860,$$

c'est-à-dire 8 mètres cubes 413 décimètres cubes 860 centimètres cubes.

PROB. VII. Quel est le volume d'un parallélipipède de 8 m. de hauteur, dont la base est un quarré de 2 m. 50 de côté?

Ce solide est un parallélipipède à bases quarrées. L'expression de son volume est

$$2\,50 \times 2\,50 \times 8 = 50\,000,$$

ou 50 mètres cubes.

Prob. viii. Combien y a-t-il de stères dans une pile de bois longue de 12 m., haute de 3 50, la bûche ayant 1 m. 10 ?

Cette pile de bois a la forme d'un parallélipipède rectangle. Son volume est égal au produit de ses trois dimensions.

$$12 \times 1\,10 \times 3\,50 = 46\,200.$$

On trouve 46 mètres cubes 200 décimètres cubes, ou 46 stères 2 décistères.

73. Le parallélipipède est le solide dont on a le plus souvent occasion de rechercher le volume.

Volume du cube.

74. Le cube est un prisme dont les six faces sont les quarrés égaux. *Son volume est égal, comme celui de tout prisme, au produit de la surface de sa base par sa hauteur, ou bien au produit des trois dimensions*

Dans le cube, les trois dimensions sont égales. Si un cube a 3 m. 54 sur chaque dimension, son volume est exprimé par

$$3\,54 \times 3\,54 \times 3\,54.$$

En effectuant, on trouve 44 m. cubes 361864.

Du tronc du prisme.

75. Si l'on coupe la partie supérieure d'un prisme par un plan non parallèle à la base, ce qui reste du prisme s'appelle *tronc de prisme* ou *prisme tronqué*, fig. 14 et 15.

On comprend aisément que si la section était parallèle à la base, ce qui resterait du prisme serait encore un prisme complet.

76. Tronc de prisme triangulaire. — *Le volume d'un tronc de prisme triangulaire quelconque est égal à la surface de sa base multipliée par la moyenne des trois hauteurs abaissées*

perpendiculairement de chaque sommet du tronc sur la base.

Si le tronc de prisme est droit, les arêtes sont en même temps les hauteurs des trois sommets, puisqu'elles sont alors perpendiculaires sur la base;

Si le tronc de prisme est oblique, on obtient la hauteur des trois sommets en abaissant de ces sommets des perpendiculaires sur le prolongement de la base.

Appliquons cette règle aux problèmes suivants :

PROB. IX. Déterminer le volume du tronc de prisme droit fig. 14: le triangle de la base *abc* a une superficie de 18 m. q. 54; l'arrête *ac* est de 4 m. 50, *bf* de 3 m. 10 et *cd* de 2 m. 90.

$$\text{Vol.} = \text{surf. } 18\ 54 \times \left(\frac{4\ 50 + 3\ 10 + 2\ 90}{3}\right).$$

```
    4 50                10 50 | 3
    3 10                15    | 3 50
    2 90                00
   ─────
   10 50
```

        18 54 base du tronc.
         3 5 haut. moy. du tronc.
        ─────
         9270
         5562
        ─────
       64 890 vol. du tronc.

Le volume de ce tronc de prisme est de 64 mètres cubes 890 décimètres cubes.

PROB. X. Mesurer le tronc de prisme fig. 15, résultant d'un prisme oblique. On suppose la surface de la base de 6 mètres quarrés, la perpendiculaire *eh* de 3 m. 80, *fh'* de 3 m. 20 et *dh''* de 3 m.

$$\text{Sol du tronc} = 6\ \text{m. q.} \times \left(\frac{3\ 80 + 3\ 20 + 3}{3}\right).$$

```
    3 80                    6      base.
    3 20                    3 3333 haut. moy.
    3 00                   ────────
   ──────                  19 9998 solidité.
   10 00 | 3
      10 | 3 3333
       1
```

La solidité du tronc de prisme proposé est de 20 mètres cubes.

77. REMARQUE. — Lorsque, comme dans ce dernier cas, le tronc de prisme est oblique, souvent on éprouverait de sérieuses difficultés à prolonger la base et à abaisser sur le plan de cette base des perpendiculaires de chaque sommet du tronc.

Alors, pour avoir la solidité, on imagine une section faite dans le tronc perpendiculairement aux arêtes; on évalue la surface de cette section triangulaire et on la multiplie par le tiers de la somme des trois arêtes.

La difficulté consiste alors à trouver la surface de cette base ou section triangulaire. Or cette surface est évidemment égale à celle d'un triangle qui aurait les côtés égaux à ceux du tronc.

La base de ce triangle est la largeur d'une quelconque des faces latérales du tronc; la hauteur est la perpendiculaire abaissée de l'arête opposée sur cette face. Pour avoir cette perpendiculaire, il suffit d'élever verticalement au bord du tronc une règle ou un bâton bien droit, puis de placer horizontalement sur l'arête supérieure une règle bien dressée dont l'extrémité dépasse la règle verticale : la distance du pied de la règle verticale à la règle horizontale est la hauteur du triangle-base ou de la section triangulaire.

On peut aussi évaluer cette section en faisant le plan du triangle et en abaissant dans ce plan une perpendiculaire sur la base. — Avec la longueur numérique des trois côtés du triangle, on pourrait également trouver la superficie : mais ce dernier moyen est assez compliqué.

78. MESURER UN TRONC DE PARALLÉLIPIPÈDE. — La mesure du tronc de parallélipipède est analogue à celle du tronc de prisme.

Pour obtenir le volume d'un tronc de parallélipipède quelconque, cherchez la surface de sa base; mesurez ensuite la hauteur perpendiculaire de chaque sommet au-dessus de la base, prenez la moyenne de vos quatre hauteurs en en divisant la somme par 4 : il ne vous reste plus, pour avoir le volume, qu'à multiplier la surface de la base par la hauteur moyenne.

Si le tronc de parallélipipède est droit, les quatre arêtes parallèles sont en même temps les hauteurs des quatre sommets; s'il est oblique, la hauteur de chaque sommet est déterminée par la perpendiculaire abaissée de ce sommet sur le prolongement de la base.

Appliquons cette règle à un exemple.

Prob. xi. Soit, pour application, un tronc de parallélipipède dont la base a 2 m. 45 de longueur sur 1 m. 82 de largeur; la hauteur perpendiculaire des quatre sommets du tronc au-dessus de la base est 3 m. 20, 4 m. 50, 6 m. 50 et 5 m. 20.

Le tronc proposé a pour expression de son volume

$$(\text{surf. de la b. } 2\ 45 \times 1\ 82) \times \left(\frac{3\ 20 + 4\ 50 + 6\ 50 + 5\ 20}{4}\right) = 21\ 4032,$$

c'est-à-dire 21 mètres cubes 4032.

79. Mesurer un tronc de prisme quelconque. — *On obtient le volume d'un tronc de prisme quelconque en le décomposant en tronc de prismes triangulaires; on évalue séparément le volume de chacun d'eux, et la somme de tous ces volumes est le volume du tronc proposé.*

Si ce tronc a pour base un quadrilatère, on obtient, par la décomposition, deux troncs de prismes triangulaires; s'il a pour base un polygone de sept côtés, on obtient cinq troncs de prismes triangulaires; si la base est un polygone de dix côtés, on en obtient huit, etc.

La mesure d'un tronc de prisme polygonal quelconque n'offre donc pas de difficulté, puisqu'elle revient à faire le volume de plusieurs troncs de prismes triangulaires et à ajouter entre eux ces volumes.

Applications.

Prob. xii. La question suivante est extraite de l'excellent *Petit Manuel de l'Instruction primaire*, n° 11 de 1854 :

Un tas de pierres a la forme représentée par la figure 16.

La base *abcd* est un rectangle, les faces *befc* et *aefd* sont des trapèzes égaux; les faces *bca*, *cfd*, sont des triangles isocèles.

Comment se fait le cubage d'un semblable tas ?
Quel est le nom du solide qu'il représente ?

Le solide représenté par ce tas de pierres est un tronc de prisme triangulaire. Nous avons démontré qu'un tronc de prisme a pour mesure le produit de sa section droite par la moyenne des trois arêtes. Soit donc, par exemple, $ad = bc = 1$ m. 50; $ef = 1$ mètre; $ab = 0$ m. 50, et supposons que la distance de l'arête *ef* au plan de la base soit de 0 m. 50.

Il est clair que la section droite ou perpendiculaire du tronc de prisme sera un triangle ayant 0 m. 50 de base et 0 m. 50 de hauteur; sa surface, en mètres quarrés, sera donc

$$\frac{0.50 \times 0.50}{2} = 0 \text{ m. q. } 1250.$$

La moyenne des arêtes est $\frac{1 \text{ m.} + 1 \text{ m. } 50 + 1 \text{ m. } 50}{3} = 1$ m. 333.

Le volume du solide exprimé en mètres cubes sera donc enfin

$$0.125 \times 1.3333 = 0.166666,$$

c'est-à-dire 166 décimètres cubes 666 centimètres cubes.

REMARQUE. — Les tas de pierres dressés par les cantonniers sur les bords des routes ont ordinairement la forme de la figure 16.

PROB. XIII. On demande le volume du pan de muraille *abcdefgh*, fig. 17. La base est le rectangle *abcd* qui a 6 m. 50 de long sur 0 m. 50 de large (cette largeur est l'épaisseur du mur); les hauteurs *ac* et *bf*, qui sont évidemment égales, sont de 12 mètres; les hauteurs *cg* et *dh*, aussi égales, sont de 9 m. 20.

Cette muraille est un tronc de parallélipipède. Mais, pour faire mieux comprendre, ne représentons que la face qui s'élève sur la rue. Cette face est *aegc*, fig. 18.

La face opposée, dans l'intérieur du bâtiment, est semblable. Ces deux faces sont séparées par l'épaisseur ou largeur du mur, laquelle est de 0 m. 50. Cette muraille ou ce tronc de parallélipipède n'a donc que deux hauteurs, car les deux grandes hauteurs sont égales entre elles et les deux petites sont de même égales.

L'expression de sa mesure sera donc égale à la surface de sa base multipliée par la moyenne de ses deux hauteurs, c'est-à-dire qu'on aura :

$$\text{Vol.} = (\text{surf. } 6\ 50 \times 0\ 50) \times \frac{12 + 9\ 20}{2}.$$

Voici les opérations :

```
   6 5                    12 0 )
   0 5                     9 2 }  hauteurs.
  ────                    ─────
  3 25  surf. de la base.  21 2   somme.
                           10 6   haut. moy.

           3 25  base.
           10 6  hauteur moy.
          ──────
           1950
          3250
          ──────
          34 450  volume.
```

On trouve 34 mètres cubes 450 décimètres cubes.

OBSERVATION. Cette muraille pourrait aussi être considérée comme un prisme complet dont les deux bases parallèles seraient la face *aegc* qui s'élève sur la rue et la face semblable qui s'élève dans l'intérieur de l'édifice, et dont la hauteur serait l'épaisseur de la muraille.

Alors son volume serait égal à la surface de sa base, c'est-à-dire du trapèze *aegc*, multipliée par l'épaisseur 0 m. 50.

$$\text{La surface du trapèze } aegc = \frac{12 + 9\ 20}{2} \times 6\ 50 = 68\ 90.$$

Donc le volume =
  base 68 90 × haut. 0 50 = 34 450,
c'est-à-dire 34 mètres cubes 450 décimètres cubes.

Considérée comme tronc de parallélipipède ou comme prisme complet, cette muraille contient donc le même nombre de mètres cubes.

Il est des cas où, sous le rapport de la rapidité des calculs, il y a avantage à la considérer comme prisme : par exemple, lorsque, tout en cherchant le volume, on désire aussi connaître, pour faire crépir, la superficie de la face qui s'élève sur la rue.

Prob. xiv. Combien a-t-il fallu de mètres cubes de pierres pour élever une muraille de 66 centimètres d'épaisseur dont la face extérieure est représentée par la fig. 19 ?

Cette muraille peut se décomposer en deux troncs de parallélipipèdes, en abaissant du sommet c la perpendiculaire cm, fig. 20, parallèle aux arêtes ab et ed.

Le tronc A aura pour mesure la surface de sa base longue de 7 m. 50, large de 0 m. 66, multipliée par la moyenne de ses deux hauteurs 13 m. et 22 m.

De même, le volume du tronc B sera égal à la surface de sa base longue de 6 m. 90, large de 0 m. 66, multipliée par la moyenne de ses deux hauteurs, 22 m. et 15 m.

On réunira le volume des deux troncs, et la somme sera le volume demandé.

Vol. du tronc $A = 7\ 50 \times 0\ 66 \times \left(\dfrac{13+22}{2}\right) = 86\ 625$.

Vol. du tronc $B = 6\ 90 \times 0\ 66 \times \left(\dfrac{22+15}{2}\right) = 84\ 249$.

Total ou volume de la muraille $= 170\ 874$.

Observation. Si l'on désire connaître, en même temps que le volume, la superficie de la face $abcde$, pour la faire crépir, on considèrera A et B, non comme des troncs de parallélipipède, mais comme des prismes complets (Voir le problème précédent). Alors la somme des surfaces des deux trapèzes $abcm$ et $cmde$ sera la surface de la face $abcde$.

Prob. xv. Comment obtiendra-t-on le volume de la muraille dont une des grandes faces est représentée par la fig. 21 ?

On abaissera des sommets c et d des perpendiculaires sur la base; la muraille sera ainsi divisée en deux troncs de parallélipipèdes T et T' et en un parallélipipède P. On évaluera séparément le volume de chacun de ces corps, et la somme des trois volumes sera la solidité de la muraille.

Prob. xvi. Supposons maintenant une muraille bâtie sur un terrain en pente. La fig. 22 représente la face extérieure de cette muraille. Comment en obtiendra-t-on le volume?

On tirera la ligne *bd*, et la muraille sera partagée en deux prismes A et B.

A est un prisme quadrangulaire dont la base est le trapèze *abde*, et dont la hauteur est l'épaisseur du mur;

B est un prisme triangulaire dont la base est le triangle *bcd* et la hauteur l'épaisseur de la muraille.

Supposons les dimensions telles qu'elles sont cotées et l'épaisseur de la muraille de 0 m. 55, on aura :

$$\text{Vol. du pr. A} = \left(\frac{9\ 43 + 8\ 01}{2} \times 8\ 30\right) \times 0\ 55.$$

$$\text{Vol. du pr. B} = \frac{8\ 30 \times 3\ 85}{2} \times 0\ 55.$$

La somme de ces deux volumes sera la solidité demandée.

NOTA. Si la muraille que l'on mesure est percée de portes ou de croisées, on cherche le volume des ouvertures, et l'on retranche ce volume du volume total. L'ouverture, porte ou croisée, est considérée comme un parallélipipède dont on prend les dimensions à l'intérieur de la construction.

80. MESURE DES FUMIERS.—Les fumiers sont généralement des prismes ou des parallélipipèdes. Par conséquent, on obtient leur volume en multipliant la surface de leur base par leur hauteur.

Voyez première partie, *Mesure des Fumiers*, page 33.

MESURE DE LA PYRAMIDE.

81. *Le volume de la pyramide est égal au produit de sa base par le tiers de sa hauteur.*

On démontre, en effet, en géométrie, qu'une pyramide quelconque est le tiers d'un prisme de même base et de même hauteur.

PROB. XVII. Soit la pyramide triangulaire *abcd*. Elle a pour base le triangle *abc*; supposons la base *ac* de ce triangle de 1 m. 60 et sa hauteur *be* de 0 m. 80; supposons encore la hauteur *dh* de la pyramide de 3 m. 12.

On aura pour le volume cherché :

$$\text{Vol. de la pyr.} = \frac{1\ 60 \times 0\ 80}{2} \times \frac{3\ 12}{3}.$$

Le multiplicande indique la surface de la base et le multiplicateur le tiers de la hauteur.

```
    1 6              0 64  surf. de la base.
    0 8              1 04  tiers de la hauteur.
   ────             ─────
   1 28              256
   0 64              640
                    ──────
                    0 6656  volume.
```

```
   3 12 | 3
   0 12 | 1 04
     0
```

Le volume de la pyramide est de 665 décimètres cubes 600 centimètres cubes.

Il est assez rare, dans la pratique, que l'on ait à calculer une pyramide. Ce calcul, du reste, n'offre pas de difficulté. Quand la base est un polygone de plus de trois côtés, on l'évalue en la divisant en triangles; on cherche séparément la surface de chaque triangle, et l'on multiplie la somme de toutes ces surfaces par le tiers de la hauteur du polyèdre.

Du tronc de pyramide.

82. Si l'on coupe la partie supérieure d'une pyramide parallèlement à sa base, ce qui reste de la pyramide est un *tronc de pyramide* ou une *pyramide tronquée*.

La figure 24 représente un tronc de pyramide triangulaire, et la figure 25 un tronc de pyramide pentagonal.

83. *Pour obtenir le volume d'un tronc de pyramide à bases parallèles, cherchez la surface de la grande base, puis la surface de la petite base; multipliez entre elles ces deux surfaces, et extrayez la racine quarrée du produit : cette racine donne une troisième base moyenne proportionnelle*

— 67 —

entre les deux bases du tronc; faites la somme de ces trois bases et multipliez cette somme par le tiers de la hauteur.

Lorsque la hauteur du tronc n'est pas exactement divisible par 3, multipliez la somme des trois bases par la hauteur entière, et prenez le tiers du résultat.

Appliquons cette règle aux problèmes suivants :

PROB. XVIII. Trouver le volume d'un tronc de pyramide à bases parallèles dont la grande base présente une surface de 80 m. q. 10, et la petite base une surface de 13 m. q. 5810 ; la hauteur du tronc est de 6 mètres,

$$\text{Vol.} = \left(80\ 10 + 13\ 5810 + \sqrt{(80\ 10 \times 13\ 5810)}\right) \times \frac{6}{3}.$$

Voici les calculs :

```
  80  1  surf. de la gr. b.    1087 8381      ⎧ 32 9823 rac.
  13 5810 surf. de la pet. b.       187       ⎨    62
  ─────────                    ──────────     ⎩  ─────
  13581                            6385          649
1086480                          54281         6588
─────────                       157700        65962
1087 8381 prod. des deux b.    2577600        659643
                                598671
```

80 1000 grande base.
13 5810 petite base.
32 9823 base moyenne proportionnelle.
───────
126 6633 somme des trois bases.

  126 6633 somme des bases.
     2 tiers de la hauteur.
  ─────────
  253 3266 volume.

Le volume de ce tronc de pyramide est de 253 mètres cubes 326 décimètres cubes 600 centimètres cubes.

PROB. XIX. Un pétrin a la forme d'un tronc de pyramide à bases parallèles rectangulaires. Son ouverture ou base supérieure a 1 m. 22 de long sur 0 m. 46 de large, le fond ou base inférieure a 1 m. 0 8 sur 0 m. 32 ; sa profondeur est de 0 m. 50. Quel est sa capacité ?

La capacité du pétrin est égale à

$$\left((1\ 22 \times 0\ 46) + (1\ 08 \times 0\ 32) + \sqrt{(1\ 22 \times 0\ 46) \times (1\ 08 \times 0\ 32)}\right) \times 0\ 50.$$

La surface de la base supérieure =

$$1\ 22 \times 0\ 46 = 0\ 5612;$$

La surface de la base inférieure =

$$1\ 08 \times 0\ 32 = 0\ 3456;$$

Le produit de la surface de ces deux bases =

$$0\ 5612 \times 0\ 3456 = 0\ 19395072;$$

La racine quarrée de ce produit est

$$\sqrt{0\ 19395072} = 0\ 4403.$$

La somme des trois bases =

$$0\ 5612 + 0\ 3456 + 0\ 4403 = 1\ 3471.$$

Cette somme, multipliée par la hauteur du tronc, donne

$$1\ 3471 \times 0\ 5 = 0\ 67355.$$

Le tiers de ce produit =

$$0\ 67355 : 3 = 0\ 22451.$$

La capacité du pétrin est de 224 décimètres cubes 510 centimètres cubes, ou 224 litres 51 centilitres, à 1 centilitre près.

PROB. XX. Quelle est la solidité d'un tas de sable dressé en forme de tronc de pyramide, dont la superficie de la grande base est de 20 m. q. 40, la superficie de la petite base de 16 m. q. 20, et la hauteur de 0 m. 78 ?

La règle du tronc de pyramide donne pour expression de la solidité de ce tas

$$\left(20\ 4 + 16\ 20 + \sqrt{20\ 4 \times 16\ 20}\right) \times \frac{0\ 78}{3} = 14\ 242566,$$

ou 14 mètres cubes 242 décimères cubes.

84. OBSERVATION. Dans la première partie de cet ouvrage, par un procédé approximatif beaucoup plus rapide et plus simple, on a trouvé, pour la capacité du pétrin, 226 litres 7 décilitres (prob. 58), résultat qui ne diffère du véritable que de 2 litres 2 décilitres en plus; et pour la solidité du tas de sable (prob. 59.) 14 m. c. 274, c'est-à-dire 32 centimètres de plus que la mesure géométrique, quantité insignifiante sur 14 mètres cubes de sable.

Le même procédé expéditif, appliqué au problème 18,

— 69 —

donne une solidité de 281 mètres cubes 0 43 (prob. 60).
Voyons quelle est la différence.

281 043 mesure approximative.
253 326 mesure géométrique.
───────
 27 717 différence au profit de la première méthode.

La différence est de 27 mètres cubes 717.

On ne doit donc, ainsi que nous l'avons dit, n°s 17 et 22, recourir aux moyens approximatifs que dans certaines limites. Ces limites, nous le répétons, sont que les deux bases du tronc ne diffèrent pas beaucoup en superficie, et que la hauteur ne soit pas considérable. Si ces deux conditions sont réunies, la mesure approximative est presque exacte. Si les deux bases, au contraire, diffèrent beaucoup d'étendue, la différence est énorme.

MESURE DU CYLINDRE.

85. *Le volume du cylindre est égal au produit de sa base par sa hauteur.*

On regarde le cylindre comme un prisme composé d'une multitude de faces infiniment étroites. C'est pourquoi la règle de la mesure du prisme est applicable à la mesure du cylindre.

Voici des applications :

PROB. XXI. Soit à déterminer le volume d'un cylindre de 3 m. 25 de hauteur, et dont la circonférence de la base est de 4 m. 28.

La surface de la base du cylindre est la surface d'un cercle qui aurait 4 m. 28 de circonférence. Cette surface est égale au demi-rayon du cercle multiplié par la circonférence. Occupons-nous d'abord de la déterminer.

```
 4 2800    | 3 1416          1 362  | 4
 115840    |─────── diam.     16    |─────── demi-ray.
 195920    | 1 362           020    | 0 3405
  74240                        0
  11408
```

           4 28 circonférence.
           0 3405 demi-rayon.
           ─────────
              2140
             17120
              1284
           ─────────
           1 457340 surf. de la base du cylindre.
           5 25 hauteur.
           ─────────
            728670
            291468
            457202
           ─────────
           4 7363550 volume du cylindre.

Le volume du cylindre est de 4 mètres cubes 736 décimètres cubes 555 centimètres cubes.

PROB. XXII. On veut creuser un puits de 1 m. 40 de diamètre sur 9 m. 70 de profondeur. Combien y aura-t-il de mètres cubes de matériaux à enlever?

Vol. = surf. de la base × hauteur 9 70.

   1 4 | 4   1 4 diam.
    20 | 0 35 demi-rayon.   3 1416 rapport.
     0   ─────────
                                     125664
                                      51416
                                    ─────────
                                    4 39824 circonférence.
                                    0 35 demi-rayon.
                                    ─────────
                                    2199120
                                    1319472
                                    ─────────
                                    1 5393840 surface.
                                    9 7 haut. ou profond.
                                    ─────────
                                    10775688
                                    13854456
                                    ─────────
                                   14 9320248 vol. du puits.

On devra enlever 14 mètres cubes 932 décimètres cubes de matériaux.

86. Supposons maintenant qu'on demande le nombre de

mètres quarrés de maçonnerie nécessaires pour murailler ce puits. On l'obtiendra en multipliant la circonférence de la base du puits par sa profondeur.

Car :

La surface latérale courbe d'un cylindre est égale à la circonférence de sa base multipliée par sa hauteur.

Le nombre de mètres quarrés de maçonnerie est donc égal à

$$4\,398 \times 9\,70 = 42\,6606,$$

ou 42 mètres quarrés 66 décimètres quarrés 6 centimètres quarrés.

PROB. XXIII. On veut construire un puits de 15 m. 20 de profondeur sur 1 m. 68 de diamètre. Si l'on donne 50 centimètres d'épaisseur au mur du puits, combien faudra-t-il de mètres cubes de pierres pour ce travail ?

Nous pouvons considérer le puits avec son mur comme un seul cylindre dont le diamètre serait égal au diamètre du puits augmenté de deux fois l'épaisseur du mur, c'est-à-dire à 1 68 + 0 50 + 0 50 = 2 68.

Si nous avions, d'une part, le volume de ce cylindre total; d'autre part, le volume de la cavité ou du puits lui-même, il est évident qu'en retranchant ce second volume du premier, le reste serait le volume du mur.

Nous avons donc à faire deux opérations distinctes. Dans les deux cas, la hauteur ou profondeur est la même; le diamètre seul varie.

Première opération ou détermination du volume du cylindre total.

1 68   diamètre du puits.
0 50 } épaisseur du mur à chaque extrémité du diamètre
0 50 }   du puits.
―――――
2 68   diam. du puits avec le mur.

Le demi-rayon est 2 68 divisé par 4, ou 0 m. 67.

Vol. = (2 68 × 3 1416 × 0 67) × 15 2 = 85 7440664.

Le volume du cylindre total, c'est-à-dire le volume du puits augmenté du volume du mur, est donc de 85 mètres cubes 744066.

Deuxième opération, ou détermination du volume du puits seul.

1 64 divisé par 4 donne 0 42 pour demi-rayon.

Vol. = (1 68 × 3 1416 × 0 42) × 15 2 = 33 6941136.

Le volume du puits est de 33 mètres cubes 694113.

85 744066 vol. du cyl. total.
33 694113 vol. du puits seul.
----
52 049953 différence ou vol. du mur.

Il faudrait donc 52 metres cubes 50 décimètres cubes de matériaux pour construire le mur du puits.

89. MESURE DES TONNEAUX. — Le moyen le plus simple et le seul exact d'obtenir la capacité d'un tonneau, c'est de le remplir d'eau avec le décalitre ou le double-décalitre.

88. On peut, au besoin, obtenir une approximation suffisante en considérant le tonneau comme un cylindre dont le diamètre serait égal au tiers de la somme faite avec le diamètre moyen des fonds augmenté de deux fois le diamètre du bouge. (Voyez première partie, *Mesure des Tonneaux*, p. 43.)

Du tronc de cylindre.

89. Si l'on coupe la partie supérieure d'un cylindre par un plan non parallèle à la base, ce qui reste du cylindre est un *tronc de cylindre* ou un *cylindre tronqué*, fig. 26.

90. *Le volume d'un tronc de cylindre est égal à la surface de sa base multipliée par la moyenne de la plus grande et de la plus petite hauteur du tronc.*

PROB. XXIV. Soit un tronc de cylindre dont le rayon de la base a 0 m. 80, la plus grande hauteur 3 m. 95, la plus petite 3 m. 10.

$$\text{Vol.} = \text{surf. de la base} \times \frac{3\ 95 + 3\ 20}{2}.$$

Le diam. = 0 80 × 2 = 1 60.

Le demi-rayon = 0 80 : 2 = 0 40.

La surface de la base = 1 6 × 3 1416 × 0 4 = 2 010624.

La hauteur moyenne $= \dfrac{3\ 95 \times 3\ 10}{2} = 3\ 525$.

Enfin le volume du tronc =
$$2\ 0106 \times 3\ 525 = 7\ 087365,$$
c'est-à-dire 7 mètres cubes 87 décimètres cubes 365 centimètres cubes.

VOLUME DU CONE.

91. On considère le cône comme une pyramide d'une infinité de côtés infiniment petits. *Le volume du cône*, comme celui de la pyramide, *est égal à la surface de sa base multipliée par le tiers de sa hauteur.*

PROB. XXV. Comme application, trouver le volume d'un cône dont la circonférence de la base est 1 m. 35, et la hauteur 1 m. 20.

$$\text{Vol.} = \text{surf. de la base} \times \dfrac{1\ 20}{3}.$$

On aura le diamètre en divisant la circonférence par 3 1416.
$$1\ 35 : 3\ 1416 = 0\ 4297.$$

Le demi-rayon est égal au quart du ce diamètre.
$$0\ 4297 : 4 = 0\ 1074.$$

La surface de la base du cône est donc égale à
$$1\ 35 \times 0\ 1074 = 0\ 14499.$$

Le tiers de la hauteur =
$$1\ 20 : 3 = 0\ 40.$$

Enfin on aura le volume du cône en multipliant la surface de la base par 0 40.

0 14499 surface de la base du cône.
0 4 tiers de la hauteur.
―――――
0 057996 volume du cône.

Le volume du cône est de 57 décimètres cubes 996 centimètres cubes.

92. Les sapins en grume non coupés par le haut peuvent

être considérés comme des cônes, et se mesurer par la règle du n° 91.

92. Il est très-rare, dans la pratique, que l'on ait à calculer le volume d'un cône. Le calcul du cône tronqué, au contraire, est très-employé, car une foule d'objets usuels s'y rapportent : les cuves, les chaudières, les baquets, etc., sont des troncs de cône.

Du tronc de cône.

93. Si l'on coupe la partie supérieure d'un cône parallèlement à sa base, ce qui reste du cône est appelé un *tronc de cône* ou un *cône tronqué*, fig. 57.

94. *Pour obtenir le volume d'un tronc de cône à bases parallèles, ajoutez ensemble le rayon de la grande et le rayon de la petite base, faites le quarré de la somme; faites ensuite le produit des deux rayons, et retranchez ce produit du quarré de leur somme; multipliez le reste par le rapport 3 1416; multipliez enfin ce dernier résultat par le tiers de la hauteur du tronc.*

Quand la hauteur du tronc n'est pas exactement divisible par 3, on peut, au lieu de multiplier le dernier produit par le tiers de la hauteur, le multiplier par la hauteur entière et prendre le tiers du résultat.

Appliquons cette règle à quelques exemples.

PROB. XXVI. Soit à trouver le volume d'un tronc de cône dont le diamètre de la grande base a 0 m. 84, le diamètre de la petite base 0 m. 56, et la hauteur 0 m. 97.

0 84 diam. de la gr. base.   0 56 diam. de la pet. base.
0 42 rayon de la gr. base.   0 28 ray. de la pet. base.

0 42 gr. rayon.   0 70
0 28 pet. rayon.   0 70

0 70 somme des ray.   0 4900 quarré des ray.

0 42 gr. rayon.   0 4900 carré des ray.
0 28 pet. rayon.   0 1176 prod. des ray.

336   0 3724 différence.
84

0 1176 prod. des ray.

```
     0 3724 différence.        0 97  ( 3
     3 1416 rapport.             07  ( 0 3233
     ─────────                   10
        22344
         3724
        14896
         3724
        11172
    ─────────
    1 16993184 produit.
```

```
               1 17 produit.
               0 3233 tiers de la hauteur.
              ─────────
                22631
                 3233
                 3233
              ─────────
              0 378261 vol. du tronc du cône.
```

Le volume de ce tronc de cône est de 378 décimètres cubes 261 centimètres cubes.

PROB. XXVII. Quelle est la capacité d'un seau qui a intérieurement 0 m. 12 de largeur dans le bas, 0 m. 23 dans le haut et 0 m. 33 de profondeur?

Ce seau est un tronc de cône dont la petite base est le fond du seau, et la grande base l'ouverture.

La largeur ou diamètre du fond étant de 0 m. 12, le petit rayon est 0 m. 06; l'ouverture ou grande base du tronc étant de 0 m. 23, le grand rayon est 0 m. 115.

La somme des deux rayons =
$$0\ 06 + 0\ 115 = 0\ 175.$$

Le quarré de la somme des rayons =
$$0\ 175 \times 0\ 175 = 0\ 030625.$$

Le produit des deux rayons =
$$0\ 06 \times 0\ 115 = 0\ 0069.$$

La différence entre le quarré de la somme des rayons et le produit des rayons =
$$0\ 030625 - 0\ 0069 = 0\ 023725.$$

Cette différence multipliée par le rapport =
$$0\ 023725 \times 3\ 1416 = 0\ 074554.$$

Ce premier produit multiplié par le tiers de la hauteur du tronc =
$$0\,074534 \times 0\,11 = 0\,00819874.$$

Le volume du seau est donc de 8 décimètres cubes 198 centimètres cubes, ou 8 litres 19 centilitres, à 1 centilitre près.

Prob. XXVIII. Un cuveau est un tronc de cône. Supposons un cuveau dont la circonférence de l'ouverture soit de 3 m. 644, la circonférence du fond de 2 m. 89, et la hauteur de 1 m. 30. Quelle est la capacité de ce cuveau ?

La circonférence de la grande base étant de 3 644, le diamètre de cette base sera égal à
$$3\,644 : 3\,1416 = 1\,16,$$
et le rayon à
$$1\,16 : 2 = 0\,58 ;$$

La circonférence de la petite base étant de 2 m. 89, le diamètre de cette base sera égal à
$$2\,89 : 3\,1416 = 0\,92,$$
et le rayon à
$$0\,92 : 2 = 0\,46.$$

Le petit rayon ajouté au grand rayon donne
$$0\,58 + 0\,46 = 1\,04.$$

Le quarré de la somme des rayons =
$$1\,04 \times 1\,04 = 1\,0816.$$

Le produit des deux rayons =
$$0\,58 \times 0\,46 = 0\,2668.$$

La différence entre le quarré de la somme des rayons et le produit des rayons =
$$1\,0816 - 0\,2668 = 0\,8148.$$

Cette différence multipliée par le rapport donne
$$0\,8148 \times 3\,1416 = 2\,55977.$$

Ce produit multiplié par la hauteur du tronc =
$$2\,55977 \times 1\,30 = 3\,327701.$$

Enfin le tiers de ce résultat donne pour capacité du cuveau
$$3\,327701 : 3 = 1\,109233,$$
c'est-à-dire 1 mètre cube 109 décimètres cubes 233 centimètres cubes, ou 11 hectolitres 9 litres 23 centilitres.

Prob. XXIX. Une chaudière a la forme d'un tronc de cône. Le diamètre de l'ouverture est de 0 m. 40, le diam. du fond de 0 m. 36, pris l'un et l'autre à l'intérieur, et la hauteur de 0 m. 42. Quelle est la capacité de cette chaudière ?

La règle du tronc de cône donne pour sa mesure

$$\left((0\ 20 + 0\ 18)^2 - (0\ 20 \times 0\ 18)\right) \times 3\ 1416 \times \frac{0\ 42}{3} = 0\ 047676,$$

c'est-à-dire 47 litres 67 centilitres, à un centilitre près.

95. Observation. — Dans la première partie de cet ouvrage, prob. 43, 44 et 45, on a appliqué à la détermination de la capacité des trois objets précédents la règle pratique de la mesure des bois ronds, et on a trouvé : pour le seau, 7 litres 93 centilitres, c'est-à-dire 26 centilitres de moins que par la mesure rigoureusement géométrique, différence considérable pour un corps d'un aussi petit volume ; — pour le cuveau, 11 hectolitres 4 litres 24 centilitres, c'est-à-dire une différence en moins d'environ 5 litres, ce qui est assez peu sur une contenance de 1104 litres ; — et enfin pour la chaudière, 47 litres 63 centilitres, ou une différence de 4 centilitres seulement, différence complètement insignifiante.

Nous voyons, par l'exemple du seau, qu'il y a certaines limites au-delà desquelles on ne peut plus, sans de graves erreurs, se servir des moyens approximatifs. Ces limites sont déterminées au n° 17, première partie.

96. En résumé, les moyens approximatifs peuvent, au besoin, donner très-rapidement la mesure approchée de tel ou tel corps, avec une différence, jusqu'à certaines limites, presque nulle sur le volume géométrique ; mais dès qu'il s'agit de la mesure exacte du corps, il faut nécessairement appliquer la règle géométrique, toute compliquée et toute difficile qu'elle est.

MESURE DE LA SPHÈRE.

97. Si l'on partage une sphère en deux parties égales, en passant par le centre, chaque partie s'appelle un *hémisphère*.

Dans la mappemonde, on suppose le globe terrestre partagé en ses deux hémisphères; cette carte nous représente donc la surface convexe de chaque moitié du globe terrestre.

98. On distingue dans une sphère les *grands cercles* et les *petits cercles*.

On appelle *grands cercles* ceux qui passent par le centre de la sphère, et *petits cercles* ceux qui n'y passent pas.

Par conséquent, la base d'un hémisphère est un grand cercle, et si l'on coupe une spère sans passer par le centre, la section est un *petit cercle*.

Tous les grands cercles d'une même sphère sont égaux.

99. Puisqu'un grand cercle passe par le centre de la sphère, il a évidemment le même rayon, et par suite le même diamètre et la même circonférence que la sphère.

Surface de la sphère.

100. *La surface de la sphère est égale à quatre fois celle d'un grand cercle.*

PROB. XXX. Soit à déterminer la surface d'une sphère de 1 m. 22 de rayon.

Cherchons d'abord la surface d'un grand cercle; cette surface connue, nous la multiplierons par 4 pour avoir celle de la sphère.

Or un grand cercle a le même rayon que la sphère (99); nous avons donc à déterminer la surface d'un grand cercle de 1 m. 22 de rayon.

Cette surface =

Diam. 2 44 × rapp. 3 1416 × demi-ray. 0 61 = 4 675955.

Surface d'un grand cercle 4 675955 × 4 = surface de la sphère 18 70382.

La surface de cette sphère est 18 m. q. 70382.

PROB. XXXI. Quelle est la surface du globe terrestre?

Si nous avions la surface d'un grand cercle de la terre, nous trouverions aisément celle de tout le globe terrestre. Mais il nous est facile d'estimer la circonférence d'un grand cercle. On sait que le mètre est la dix-millionième partie du quart du contour de la terre : le quart de la circonférence terrestre est donc de 10 millions de mètres, et la circonférence totale de 40 millions de mètres.

Maintenant nous avons à résoudre ce problème :

La circonférence d'une sphère, ou, ce qui est la même chose, la circonférence d'un grand cercle d'une sphère est de 40 millions de mètres ; quelle est la surface de cette sphère ?

Voici les calculs :

```
40000000 0000   ( 3 1416
   085840      { 12732365 673 diam.
   230080
   0101680
   0074320
    114880
   0206320
   0178240
    211600
    231040
    111280
     17032
```

```
12732365 673 ( 4
       07    { 3183091 418 demi-rayon.
       33
       12
       036
        05
        16
        07
        33
         1
```

```
       40000000  circonférence.
     3183091 418 demi-rayon.
  ─────────────────────
  1273236536720000 000 surf. d'un grand cercle.
                  4
  ─────────────────────
  5092946268800000 000 surf. de la terre.
```

On trouve le chiffre prodigieux de plus de 509 trillions de mètres carrés, ou 5 millions 92946 myriamètres carrés.

Volume de la sphère.

101. *Le volume de la sphère est égal à sa surface multipliée par le tiers de son rayon;*

Ou bien, ce qui est la même chose, *à quatre fois la surface de son grand cercle multipliée par le tiers de son rayon.*

PROB. XXXII. Quel est le volume d'une sphère qui a 1 m. 22 de rayon ?

Nous avons trouvé, dans le problème XXX, que cette sphère a une surface de 18 m. q. 7038. Nous aurons donc son volume en multipliant cette surface par le tiers du rayon.

```
 122  ⎧ 3                18 7038  surf. de la sph.
 020  ⎨ 0 4066            0 4066  tiers du rayon.
   2  ⎩                 ──────────
                         1122228
                         1122228
                         7481520
                        ──────────
                        7 60496508 vol. de la sph.
```

Le volume demandé est 7 mètres cubes 604 décimètres cubes 965 centimètres cubes.

PROB. XXXIII. Déterminer le volume de la terre.

Nous avons vu, prob. XXXI, que la surface de la terre est de 509 294 626 880 000 mètres quarrés. En multipliant cette surface par le tiers du rayon terrestre, nous aurons le volume demandé.

La circonférence de la terre étant de 40 000 000 de mètres,

$$\text{Le diam.} = \frac{40000000}{3{,}1416} = 12732365\ 673\ ;$$

Et le ray. $= \dfrac{12732365\ 673}{2} = 6366182\ 836$;

Et le tiers du ray. $= \dfrac{6366182\ 836}{3} = 2122060\ 945.$

La surface de la terre multipliée par le tiers du rayon terrestre =
$$5092946268800000 \times 2122060\ 945 =$$
$$10807542372003952016 00.$$

On trouve le chiffre effrayant de
1 080 754 237 200 395 201 600 mètres cubes, c'est-à-dire plus de 1080 quintillions de mètres cubes.

MESURE DES BOIS DE CHARPENTE

ET DE CONSTRUCTION.

102. On peut avoir à déterminer :
1° Le volume d'un bois en grume, c'est-à-dire d'un bois rond encore revêtu de son écorce ;
2° Le volume d'un bois équarri ;
3° Le volume de bon bois que donnera un bois rond lorsqu'il sera équarri.
(Ces questions ont été traitées dans la première partie : voyez page 10).
103. BOIS RONDS. — Les bois ronds, plus gros à une extrémité qu'à l'autre, sont des troncs de cône. On aura donc rigoureusement leur volume en leur appliquant la règle de la mesure du tronc de cône. Mais cette règle, entraînant à de trop longs calculs, on la remplace, dans la pratique, par une méthode beaucoup plus commode et plus courte qui donne un résultat suffisamment exact.
(*Voyez* cette règle pratique, n° 14, première partie, p. 11).
Les bois ronds sont alors considérés, non plus comme des troncs de cône, mais comme des cylindres dont la base

serait la section droite faite au milieu de la longueur du bois.

PROB. XXXIV. Supposons que l'on veuille savoir le volume exact du bois en grume du prob. 38, première partie, qui a 4 m. 27 de longueur, 0 m. 60 de diamètre au gros bout et 0 m. 46 au petit bout.

La règle du tronc de cône donne pour expression de sa mesure :

$$\left((0\ 30 + 0\ 23)^2 - (0\ 30 \times 0\ 23)\right) \times 3\ 1416 \times \frac{4\ 27}{3}.$$

Voici les opérations :

0 60 diamètre supérieur.   0 30 grand rayon.
0 30 grand rayon.   0 23 petit rayon.
0, 46 diamètre inférieur.   0 53 somme des rayons.
0 23 petit rayon.

```
      0 53
      0 53
      ----
      159
     265
     ------
   0 2809  quarré de la somme des rayons.
```

        0 30
        0 23
        ------
   0 0690 produit des rayons.

0 2809 quarré de la somme des rayons.
0 0690 produit des rayons.

0 2119 reste.

        0 2119 différence.
        3 1416 rapport.

        282744
        31416
        31416
        62832
        ------
   0 66570504 produit.

0 6657 produit.
4 27 longueur du bois.
───────
46599
13314
26628
───────
2 842539

2 842539 (3
14   (0 947513
22
15
03
09
0

La mesure rigoureusement géométrique de ce bois en grume est donc de 947 décimètres cubes 513 centimètres cubes.

La règle employée dans la pratique donne pour le volume du même arbre 942 décimètres cubes 15 centimètres cubes, c'est-à-dire une différence en moins de 5 décimètres cubes et demi environ, différence insignifiante sur le volume d'un bois.

La méthode pratique est donc un peu au désavantage du vendeur.

104. BOIS ÉQUARRIS. — Les bois équarris, plus gros à un bout qu'à l'autre, sont des troncs de pyramide à bases quarrées ou à bases rectangulaires. On aura donc exactement leur volume en leur appliquant la règle du tronc de pyramide. Mais cette règle, conduisant à des calculs trop longs et trop difficiles, on emploie, dans la pratique, une autre règle beaucoup plus simple et plus courte et qui donne un résultat suffisamment exact.

(*Voyez* cette autre règle, n° 19, première partie, page 18).

On regarde alors le bois équarri, non plus comme un tronc de pyramide, mais comme un parallélipipède dont la base serait la section droite faite au milieu de la longueur du bois.

PROB. XXXV. Supposons que l'on veuille connaître le volume rigoureusement géométrique de la pièce de bois du prob. 51,

— 84 —

page 20, laquelle a 0 m. 76 sur 0 m. 63 d'équarrissage au gros bout, 0 m. 52 sur 0 m. 44 au petit bout, et 10 m. 30 de longueur.

D'après la règle du tronc de pyramide, le volume de ce bois est égal à

$$\left(\frac{(0\,76 \times 0\,63)+(0\,52 \times 0\,44)+\sqrt{(0\,76 \times 0\,63) \times (0\,52 \times 0\,44)}}{3}\right) \times 10\,30.$$

Voici le détail des opérations :
La surface du gros bout ou de la grande base =
$$0\,76 \times 0\,63 = 0\,4788 ;$$
Le surface du petit bout ou petite base =
$$0\,52 \times 0\,44 = 0\,2288 ;$$
Le produit de ces deux surfaces =
$$0\,4788 \times 0\,2288 = 0\,10954944 ;$$
La racine quarrée de ce produit est
$$\sqrt{0\,10954944} = 0\,3309 ;$$
La somme des trois bases =
$$0\,4788 + 0\,2280 + 0\,3309 = 1\,0385 ;$$
Cette somme multipliée par la hauteur =
$$1\,0385 \times 10\,30 = 10\,69655 ;$$
Le tiers de ce dernier produit =
$$10\,69655 : 3 = 3\,565516.$$

Le volume exact du bois est de 3 mètres cubes 565 décimètres cubes 516 centimètres cubes.

On a trouvé, au problème 51, 3 mètres cubes 644140, c'est-à-dire 78 décimètres cubes en plus de la mesure rigoureusement géométrique.

La mesure qu'on emploie dans la pratique est donc un peu à l'avantage du vendeur.

105. Manière d'évaluer le plus grand volume équarri qu'on peut retirer d'une pièce en grume. — Le bois en grume est recouvert d'un aubier et d'une écorce. Or l'acheteur n'a en vue que le bon bois. Il faut donc savoir trouver le volume que présentera un bois en grume lorsqu'il sera équarri, c'est-à-dire transformé en un parallélipipède rectangle

— 85 —

à bases carrées, ou plutôt en un tronc de pyramide quadrangulaire.

106. Pour arriver à déterminer les dimensions de l'équarrissage, on emploie différentes méthodes plus ou moins approximatives.

Ainsi :

1° L'octroi de Paris déduit le 10° de la circonférence moyenne et prend le quart du reste pour côté de l'équarrissage ;

2° La marine déduit le 5° de la circonférence moyenne et prend le quart du reste ;

3° Le commerce déduit le 6° de la circonférence moyenne et prend le quart du reste ;

Quelquefois on prend le quart de la circonférence sans déduction.

Souvent aussi, dans le commerce, surtout lorsque les bois ont des défauts, on emploie le mesurage de la marine : de sorte que la méthode de 6° déduit et celle du 5° déduit sont généralement en usage.

(Voyez première partie, page 24).

Appliquons ces diverses méthodes au problème suivant :

PROB. XXXVI. Soit à déterminer le volume de bois équarri que donnera un arbre en grume de 5 m. 40 de long et 1 m. 50 de circonférence au milieu, à égale distance des deux bouts.

1° Mesurage au dixième déduit.

Le 10° de la circonférence =
$$1\,50 : 10 = 0\,15 ;$$

La déduction du 10° donne
$$1\,50 - 0\,15 = 1\,35 ;$$

Le quart de ce reste =
$$1\,35 : 4 = 0\,337.$$

L'équarrissage 0 337 multiplié par lui-même donne pour surface de la base moyenne
$$0\,337 \times 0\,337 = 0\,1136 ;$$

Cette surface multipliée par la longueur du bois =
$$0\,1136 \times 5\,4 = 0\,613440.$$

— 86 —

Le volume de ce bois, calculé au 10ᵉ déduit, serait donc de 613 décimètres cubes 440 centimètres cubes. Par conséquent, la pièce de bois, pour entrer en ville, paierait un droit d'octroi basé sur ce volume et non sur la solidité du cylindre ou du tronc de cône que forme l'arbre.

2° *Mesurage au cinquième déduit.*

Déduire le 5ᵉ de la circonférence et prendre le quart du reste, revient à prendre immédiatement le 5ᵉ de cette circonférence, ainsi qu'on peut s'en assurer par le calcul.

La dimension de l'équarrissage est donc égale au 5ᵉ de la circonférence.

$$1\,50 : 5 = 0\,30.$$

L'équarrissage multiplié par lui-même =

$$0\,30 \times 0\,30 = 0\,09.$$

Ce produit ou base moyenne multiplié par la longueur du bois =

$$0\,09 \times 5\,4 = 0\,486.$$

La méthode de la marine donne donc seulement 486 décimètres cubes.

3° *Mesurage au sixième déduit.*

Le 6ᵉ de la circonférence =

$$1\,50 : 6 = 0\,25;$$

La circonférence diminuée de son 6ᵉ =

$$1\,50 - 0\,25 = 1\,25.$$

Le quart de 1 25 =

$$1\,25 : 4 = 0\,312.$$

L'équarrissage 0 312 multiplié par lui-même =

$$0\,312 \times 0\,312 = 0\,097344.$$

Ce produit ou surface de la base moyenne multiplié par la longueur du bois =

$$0\,097344 \times 5\,4 = 0\,525657.$$

On trouve 525 décimètres cubes 657 centimètres cubes, c'est-à-dire un volume intermédiaire entre celui de l'octroi de Paris et celui de la marine.

4° *Mesurage au quart sans déduction.*

Le quart de la circonférence donne un équarrissage de
$$1\,50 : 4 = 0\,375;$$
Cet équarrissage multiplié par lui-même =
$$0\,375 \times 0\,375 = 0\,140625.$$

La base moyenne multipliée par la longueur du bois =
$$0\,140625 \times 5\,4 = 0\,759375,$$

c'est-à-dire 759 décimètres cubes 375 centimètres cubes, volume beaucoup plus considérable que celui qu'on a trouvé par les autres méthodes. Aussi ce mesurage au quart est-il extrêmement peu usité.

Résultats comparatifs :

        Mesure de l'octroi de Paris. 0 613 440
        Mesure de la marine. 0 486 000
        Mesure du commerce. 0 525 657
        Mesure au quart sans déduction. . . 0 759 375

xxxvii. Un arbre en grume a 1 m. 98 de circonférence au milieu de sa longueur. Quel sera son équarrissage : 1° au dixième déduit ? — 2° au cinquième déduit ? — 3° au sixième déduit ? — 4° au quart, sans déduction ?

xxxviii. Un arbre en grume a 2 m. 57 de circonférence au gros bout et 1 m. 95 au petit bout. Quel serait l'équarrissage de cet arbre au sixième déduit ?

xxxix. La circonférence moyenne d'une pièce en grume est de 2 m. 62 et sa longueur de 4 m. 37. Quel serait son volume équarri, au sixième déduit ?

xl. On demande quel serait, au cinquième déduit, le volume de bois équarri que donnerait un bois rond ayant 7 m. 48 de longueur sur 1 m. 72 de circonférence au gros bout et 1 m. 24 au petit bout.

xli. Quel est le prix d'un bois rond vendu à raison de 30 fr. le mètre cube, au sixième déduit, la longueur du bois étant 8 m. 54 et la circonférence moyenne 2 m. ? — Quel serait le prix du même arbre au cinquième déduit ?

xlii. On vend, à 35 fr. le stère, un arbre en grume ayant 7 m. 82 de longueur, 2 m. 17 de circonférence au gros bout et 1 m. 76 au petit bout. Il est convenu qu'on prendra pour mesure de l'arbre équarri la moyenne entre la méthode du sixième déduit et la méthode du cinquième déduit. Quel sera le prix de cet arbre ?

COMMENT ON PEUT DÉTERMINER
LE VOLUME D'UN CORPS IRRÉGULIER QUELCONQUE.

107. 1° (Voyez première partie, n° 38).

108. Au lieu de cette méthode de la double pesée, on peut employer celle-ci :

Prenez un vase de forme cylindrique ou de forme cubique, remplissez-le exactement d'eau, et plongez-y le corps proposé, qui fera sortir une quantité d'eau égale à son volume. — Retirez le corps : la partie supérieure du vase ne contiendra plus d'eau ; cubez cette portion vide : le nombre qui exprimera son volume sera évidemment le volume du corps plongé.

Supposons qu'un corps irrégulier introduit dans un vase polyédrique ait laissé, après sa submersion dans le vase, un vide de 0 m. 13 de hauteur, les dimensions du vase étant 0 m. 24 de longueur sur 0 m 16 de largeur, le volume du corps sera égal à $0\ 24 \times 0\ 16 \times 0\ 13 = 0\ 004992$ ou 4 décimètres cubes 992 centimètres cubes.

109. 2° (Voyez première partie, n° 39).

110. 3° Si vous connaissez le poids et la densité du corps irrégulier, il est très-facile d'en calculer le volume. (Voyez première partie, *Note sur les densités*, n° 46.)

PROBLÈMES SUR LA MESURE DES SOLIDES.

XLIII. Une pile de bois a 8 m. 52 de longueur, 2 m. 44 de hauteur et 0 m. 66 de bûche. Combien contient-elle de stères ?

XLIV. Un ouvrier a creusé un fossé ayant les dimensions

suivantes : longueur 30 m. 80, largeur dans le haut 1 m. 50, dans le bas 1 m. 05, profondeur 0 m. 78. Combien lui doit-on, à 2 fr. le mètre cube ?

XLV. Combien donnera-t-on au puysatier, à raison de 12 fr. le mètre cube, pour creuser un puits de 14 m. de profondeur, et 3 m. 40 de circonférence à la base ?

XLVI. Trouvez le volume d'un pain de sucre ayant 0 m. 70 de hauteur, et 1 m. 10 de circonférence à la base.

XLVII. Quelle est la solidité d'un prisme dont la hauteur est de 8 m. 92, et la superficie de la base de 27 m. q. 5872 ?

XLVIII. Une pyramide triangulaire a 10 m. 52 de hauteur ; le triangle-base a une base de 5 m. 49 et une hauteur de 3 m. 90. Quelle est le volume de cette pyramide ?

XLIX. Quel est le poids de 1 litre de mercure ?

L. Quelle est la solidité d'un tronc de prisme triangulaire dont les 3 arêtes latérales ont respectivement 21 m. 52, 28 m. 24 et 19 m. 83, et dont la base est un triangle de 6 m. 24 de base sur 5 m. 42 de hauteur ?

LI. On demande le volume d'un cône dont la circonférence de la base serait 1 m. 32 et la hauteur 0 m. 90.

LII. La longueur intérieure d'un tonneau est de 1 m. 24 ; le diamètre moyen des fonds est de 0 m. 56, le diamètre du bouge est de 0 m. 61. On demande la capacité de ce tonneau.

LIII. Un tronc de pyramide à bases parallèles a 7 m. 52 de hauteur ; la superficie de sa grande base est de 12 m. q. 5704, la superficie de sa petite base de 7 m. q. 2059. Quelle est la solidité de ce tronc ?

LIV. On demande la surface d'une sphère de 0 m. 54 de rayon.

LV. Quel est le volume de la sphère précédente ?

LVI. Un tronc de cône a une hauteur de 3 m. 52 ; le diamètre de la base inférieure est de 2 m. 12 ; le diamètre de la base supérieure est de 1 m. 82 : quelle est la solidité de ce tronc ?

LVII. La hauteur d'un mur est de 2 m. 25 ; sa longueur est de 55 m. et son épaisseur de 0 m. 45. On demande la solidité de ce mur.

LVIII. Un tronc de cylindre a pour base un cercle de 1 m. 11

de diamètre ; la grande hauteur du tronc est de 4 m. 59, la petite hauteur de 3 m. Déterminez la solidité de ce corps.

LIX. Un bois de charpente a une circonférence moyenne de 2 m. 48; quel sera son équarrissage au cinquième déduit ? — Si la longueur de ce bois est de 9 m. 23 et qu'on le vende à raison de 52 fr. le mètre cube, quelle somme recevra-t-on ?

LX. Une citerne a la forme cylindrique ; son diamètre est de 1 m. 88 et sa hauteur de 5 m. 37. On demande la capacité de cette citerne, et combien de mètres quarrés de maçonnerie on a fait pour la murailler.

LXI. Combien pèsent 20 litres de vapeur d'eau ?

LXII. Un instrument en acier pèse 125 grammes ; quel est son volume ?

LXIII. Quel est le poids d'une poutre de sapin équarrie de 10 m. 58 de long, dont les dimensions de l'équarrissage, prises au milieu de la longueur, sont 0 m. 49 et 0 m. 38 ?

XLIV. Quelle est la surface d'un globe qui a 45 centimètres de rayon ?

LXV. Une chaudière a une profondeur de 0 m. 40 ; le diamètre de son ouverture ou base supérieure est de 0 m. 50, le diamètre du fond ou base inférieure est de 0 m. 28. Quelle est la capacité de cette chaudière?

LXVI. Quel est le volume d'un arbre rond qui a 4 m. de longueur, 1 m. 05 de diamètre à un bout et 0 m. 87 à l'autre bout ?

XLVII. Une poutre a 7 m. 12 de longueur et 0 m. 42 d'équarrissage : quelle est sa solidité?

XLVIII. Un tas de moellons présente 4 m. 50 de longueur, 3 m. 95 de largeur et 1 m. 30 de hauteur. Combien contient-il de mètres cubes ?

LXIX. Une cuiller d'étain pèse 74 grammes ; on demande le volume de cette cuiller.

LXX. Quelle est la densité d'un corps dont le volume est 52 décimètres cubes et le poids 561 kilog. 6 ?

LXXI. On a pesé un peuplier et on a trouvé 482 kilog. 726; on demande le volume de cet arbre, la densité du peuplier ordinaire étant 0 383.

LXXII. Calculer la longueur du même peuplier, si sa circonférence, prise au milieu, à égale distance des deux extrémités, est 1 m. 25.

LXXIII. Un puits a 2 m. 30 de largeur ou diamètre; quelle profondeur faut-il lui donner pour qu'il puisse contenir 195 hectolitres d'eau ?

LXXIV. La densité d'un corps est 7 m. 22, son poids est 303 kilog. 24 ; quel est son volume ?

LXXV. Un fumier a pour base un trapèze. La hauteur de ce trapèze est de 3 m. 40; ses côtés parallèles sont de 4 m. 19 et 5 m. 23. La hauteur du fumier est de 0 m. 69. Combien vaut-il à 4 f. 50 le mètre cube ?

LXXVI. Quel est le volume d'un cube dont l'arête est de 0 m. 25 ?

LXXVII. On demande le volume d'un tronc de prisme triangulaire droit. Le triangle qui sert de base au tronc a une base de 2 m. 48 et une hauteur de 1 m. 52; les trois arêtes latérales du tronc sont de 5 m. 28, 4 m. 32 et 3 m. 95.

LXXVIII. Un bois rond a 0 m. 71 de diamètre au gros bout, 0 m. 48 au petit bout. Déterminez son équarrissage au sixième déduit.

LXXIX. Quel est, à 42 fr. le mètre cube, le prix d'un bois équarri qui a 6 m. 98 de longueur et dont les dimensions de l'équarrissage sont de 0 m. 36 sur 0 m. 31 au gros bout, et de 0 m. 34 sur 0 m. 28 au petit bout ?

LXXX. On achète cinq voitures ou cinq mètres cubes de fumier. L'endroit où on les prendra dans le tas a 0 m. 92 de hauteur; la longueur et la largeur seront égales : déterminer ces deux dimensions.

LXXXI. Quelle serait la valeur de 1 décimètre cube d'argent pur, le kilogramme d'argent pur valant 222 fr. 22 ?

LXXXII. La grande base d'un tronc de cône a une circonférence de 8 m. 26; la petite base a une circonférence de 5 m. 33; la hauteur du tronc est de 4 m. 10. Quelle est sa solidité ?

LXXXIII. La solidité d'un mur est de 60 mètres cubes, sa hauteur est de 1 m. 85 et son épaisseur de 0 m. 65. On demande sa longueur.

LXXXIV. L'homme respire par minute 6 litres d'air; quel est le poids de cet air ?

LXXXV. Quel est le volume d'air que l'homme respire par heure et par jour, et quel est le poids de cet air?

LXXXVI. Un cultivateur vous doit 28 fr. 50 et vous propose de prendre, à 5 fr. le mètre cube, du fumier dans son tas pour acquitter sa dette. L'endroit qu'il vous marque a une hauteur de 1 m. 28 et. une largeur de 3 m. 40 : quelle longueur prendrez-vous pour avoir du fumier pour les 28 fr. 50?

LXXXVII. Trouvez la solidité : 1° de votre crayon ; 2° de votre équerre; 3° de la règle plate dont vous vous servez pour dessiner; 4° de votre règle quarrée ou quarrelet; 5° d'une feuille de papier.

LXXXVIII. Quel est le poids d'une pièce de bois équarrie à base quarrée, essence de sapin, laquelle porte 0 m. 40 d'équarrissage, la longueur étant 10 m. 80 ?

LXXXIX. Une pyramide a pour base un heptagone dont la superficie est de 2 m. q. 5624 ; la hauteur de la pyramide est de 4 m. 43. On demande sa solidité.

XC. Quel est le volume d'un pain de sucre dont la base a 26 centimètres de diamètre et dont la hauteur est de 51 centimètres ?

XCI. La section droite d'un tronc de prisme triangulaire est un triangle dont la base a 2 m. 48 et la hauteur 1 m. 99; la longueur des trois arêtes latérales du tronc est 6 m. 54, 8 m. 59 et 7 m. 10. Quel est son volume ?

XCII. La grande base d'un tronc de pyramide est de 22 m. q. 46, la petite base de 13 m. q. 158; la hauteur du tronc est de 9 m. 72. Quelle est sa solidité ?

XCIII. On veut déblayer un talus dont la longueur est de 18 mètres, la ligne de niveau de 4 m. 72 et la hauteur de 2 m. 40. Combien y a-t-il de mètres cubes de matériaux à enlever ?

XCIV. Une pièce de bois en grume présente 6 m. 36 de longueur ; la circonférence du gros bout est de 0 m. 98, celle du petit bout est de 0 m. 76. Combien cet arbre contient-il de stères ? — Quand il sera équarri, quel sera son volume, méthode du 6ᵉ déduit ?

XCV. Un grenier a 2 mètres de longueur, 0 m. 50 de largeur et 0 m. 80 de hauteur : combien pourrait-il contenir de doubles-décalitres de blé ?

— 93 —

xcvi. Le poids d'un corps est de 302 kilogr. 100 grammes; sa densité est 0 31 : quel est son volume?

xcvii. Les défenses de l'éléphant fournissent une matière précieuse appelée *ivoire*; elles pèsent jusqu'à 50 kilogr. chacune. On demande le volume d'une de ces dents ou défenses.

xcviii. Vous devez charger dans un tas 8 voitures de fumier. le vendeur vous marque une place où le fumier a 1 m. 48 de hauteur. Quelle longueur et quelle largeur prendrez-vous?

xcix. Le poids d'un corps est 2455 kilogr. 285 ; son volume 1 m. cube 158625. Quelle est la densité de ce corps?

c. Le diamètre d'une sphère est de 8 centimètres; quel en est le volume?

ci. Une cuve a intérieurement 3 m. 80 de circonférence dans le bas et 4 m. 20 de circonférence dans le haut; sa profondeur, non compris l'épaisseur du fond, est de 1 m. 64. On demande la capacité de cette cuve.

cii. Un bois a 8 m. 33 de longueur et 0 m. 40 sur 0 m. 32 d'équarrissage au milieu de la longueur. Combien vaut-il, à 42 fr. le stère?

ciii. Combien fera-t-on de voitures pour transporter 50 mètres cubes de bon sable, la charge de chaque voiture étant de 15 quintaux métriques?

civ. Un objet en fonte pèse 48 kilogr. On demande son volume.

cv. Combien une futaille dont le diamètre du bouge est de 1 m. 40, le diamètre des fonds de 1 m. 25 et la longueur intérieure de 1 m. 88, pourrait-elle contenir d'hectolitres de vin?

cvi. Un grenier a 3 m. 23 de longueur, 0 m. 80 de largeur et 1 m. 74 de hauteur. Combien pourrait-il renfermer d'hectolitres de blé?

cvii. Vous avez 1 voiture ou 1 mètre cube à prendre dans un tas de fumier dont la hauteur est 0 m. 85 : quelles sont les dimensions de la base du volume de fumier que vous devez prendre?

cviii. Un vase contient 17 kilogr. d'huile de lin : quelle est sa capacité?

cix. Quelle est la surface d'une sphère dont le grand cercle a 0 m. 82 de circonférence?

cx. Quelle est la capacité d'une chaudière profonde de 0 m. 42, large dans le bas de 0 m. 30 et dans le haut de 0 m. 47 ?

cxi. Quel est le poids d'une pièce de bois équarrie à bases rectangulaires, essence de frêne, portant 0 m. 45 sur 0 m. 32, la longueur étant 4 mètres ?

cxii. On demande la densité d'un corps dont le volume est de 928 décimètres cubes et le poids de 213 kilogr. 440 ?

cxiii. Quelle est la contenance d'un tonneau dont les dimensions intérieures sont : longueur, 2 m. 57 ; diamètre des fonds, 0 m. 88 ; diamètre du bouge, 1 mètre ?

cxiv. Un homme de force ordinaire peut porter 125 kilogr. On demande quelle somme il porterait : 1° en argent monnayé ; 2° en or monnayé ; 3° en monnaie dite *de bronze*.

cxv. On demande la capacité d'une cuve en tronc de cône, sachant que la profondeur est de 2 m. 50, la circonférence supérieure de 3 m. 56 et la circonférence du fond de 4 m. 22 centim.

cxvi. Combien cube un bois rond qui a 5 m. 35 de long et 1 m. 82 de circonférence au milieu. Si cette pièce de bois était un lingot d'or, combien pourrait-elle fournir de pièces de 100 fr. ? La densité de l'or est 19 25.

cxvii. On veut donner à un fossé 36 mètres de longueur, 1 m. 18 de largeur dans le haut, 0 m. 71 dans le bas et 0 m. 68 de profondeur. Combien y aura-t-il de mètres cubes de terre à extraire ?

cxviii. Les trois arêtes latérales d'un tronc de prisme triangulaire sont de 7m. 19, 4 m. 38 et 6 m. 47 ; la section triangulaire perpendiculaire aux arêtes a 2 m. 17 de base et 1 m. 58 de hauteur. On demande la solidité du tronc.

cxiv. Expliquez comment vous trouveriez la solidité d'un billot de noyer de forme irrégulière.

cxx. On a introduit un corps brut dans un vase cylindrique exactement rempli d'eau. Après la submersion, la partie supérieure du vase présentait un vide de 2 décimètres de hauteur ; le cercle de la base du vase a une circonférence de 0 m. 565 : on demande le volume du corps brut

cxxi. Dans un partage de futaies, un hêtre estimé 18 fr. est échu à deux propriétaires de maisons. Le premier doit en avoir pour une estimation de 11 fr. et le second le reste. Ils vendent l'arbre 40 fr. Combien chacun recevra-t-il ?

cxxii. Un particulier doit à ses deux voisins, au premier 181 fr., au second 89 fr.; il leur abandonne sa vache, qu'ils vendent 200 fr. Combien perdront-ils chacun ?

cxxiii. Dans un partage de succession, un champ est estimé 1500 fr. Jean doit en avoir pour 700 fr. et Paul le reste. Quelle surface revient à chacun, si le champ contient 62 ares 25 centiares ?

cxxiv. Dans la délivrance des futaies d'une commune, trois propriétaires de maisons ont eu un chêne qu'ils ont vendu 100 fr. Quelle somme recevra chaque propriétaire, sachant que le premier a 298 mètres quarrés de bâtiments, le second 352 et le troisième 159 ?

cxxv. Une vigne de 1 hectare 9 ares 50 centiares estimée 1620 fr. est échue à trois héritiers, A., B. et C. A. doit en prendre pour 450 fr., B. pour 520 fr., et C. le reste, c'est-à-dire pour une estimation de 650 fr. Quelle contenance aura chaque héritier ?

cxxvi. Un arbre estimé 12 fr. 50 est échu, dans la distribution des futaies, à deux particuliers dont l'un a pour 5 fr. 28 d'estimation et l'autre pour 7 fr. 22. Ils conviennent que l'arbre vaut 25 fr.; le premier le prend : combien doit-il à son co-partageant ?

cxxvii. Un cultivateur doit à deux particuliers, au premier 180 fr., au second 210 fr.; il leur cède une vigne de 30 ares : quelle surface aura chaque créancier ?

cxxviii. Dans un partage de futaies, un chêne est échu à quatre propriétaires de maisons. Le premier a pour 3 fr. 40 d'estimation, le second pour 5 fr. 28, le troisième pour 4 fr. 39 et l'autre pour 6 fr. 21. L'arbre a une circonférence moyenne de 2 m. 54 et une longueur de 6 m. 94. Ils le vendent, au 6e déduit, à raison de 45 fr. le stère. Combien recevra chacun d'eux ?

cxxix. Le vent n'est autre chose que l'air en mouvement. Il n'est sensible que lorsqu'il parcourt 3 600 mètres par heure. Sa vitesse ordinaire, dans notre pays, est d'environ 6 mètres par seconde. La rapidité du vent fort est de 36 000 mètres par heure; de la tempête, de 81 000 mètres, et de l'ouragan, de 129 600 mètres. On demande, d'après cela, en combien de temps feraient le tour du monde : 1° le vent animé d'une vitesse ordinaire ; 2° le vent fort ; 3° le vent de tempête ; 4° le vent d'ouragan.

CXXX. Le son parcourt 360 mètres par seconde. On a compté 15 secondes entre le moment où l'on a aperçu la lueur d'un éclair et le moment où l'on a entendu le bruit du tonnerre. Sachant que la lumière est considérée comme se transmettant à l'œil de l'observateur à l'instant même où elle est produite, on demande à quelle distance on se trouve du nuage orageux.

CXXXI. La pression qu'un liquide exerce sur le fond d'un vase est égale à une colonne d'eau qui aurait pour base le fond du vase et pour hauteur la hauteur du liquide dans le vase ; cette pression est la même quelle que soit la forme du vase, quand la base et la hauteur restent les mêmes.—D'après cela, il est aisé de comprendre qu'on puisse, sous la pression d'un simple filet d'eau, faire rompre un tonneau déjà plein. Ainsi, soit à calculer la pression qui s'exerce sur un tonneau placé dans une situation verticale et rempli d'eau, sachant que la base ou fond inférieur a 0 m 50 de diamètre, que la hauteur est de 0 m. 80, et qu'un tube de 10 mètres de hauteur également rempli d'eau s'élève sur le fond supérieur.

CXXXII. Un corps plongé dans l'eau perd de son poids une partie égale au poids du liquide déplacé. D'après cela, combien perdra de son poids un corps de 25 décimètres cubes, pesé dans l'eau ?

CXXXIII. Déterminez la charge que pourrait supporter un bateau construit de manière à pouvoir déplacer 100 mètres cubes d'eau, abstraction faite du poids du bateau.

CXXXIV. Les paratonnerres n'ont pas, comme on pourrait le croire, la propriété d'éloigner la foudre, mais au contraire de l'attirer, et, par là, de préserver de ses ravages en lui offrant un chemin pour se perdre dans le sol. L'expérience a prouvé qu'une tige de paratonnerre protége efficacement autour d'elle un espace circulaire d'un rayon double de sa longueur. D'après cela, quel serait le terrain défendu par une tige de 8 mètres ?

CXXXV. Combien de paratonnerres seront nécessaires pour

préserver des ravages de la foudre un vaste édifice occupant une superficie de 15 ares 70 centiares 80 décimètres carrés, en supposant les paratonnerres convenablement placés et la tige de chacun d'eux élevée de 5 mètres au-dessus de l'édifice ?

CXXXVI. Un tube de 7 m. 50 de hauteur rempli d'eau est adapté au fond supérieur d'un tonneau également rempli et placé dans une situation verticale : on demande quelle pression le liquide exerce sur le fond inférieur du tonneau, lequel fond a un diamètre de 0 m. 90, sachant d'ailleurs que le tonneau lui-même a une hauteur de 1 mètre.

CXXXVII. Un bois en grume à une longueur de 8 m. 15. La grosseur de l'arbre diminuant d'une manière considérable de distance en distance, à l'endroit où se trouvent les nœuds, on a pris les circonférences suivantes, à chaque endroit où la dimension n'était évidemment plus la même : 2 m. 52, 2 m. 37, 2 m. 19 et 2 m. 06. Quel est le volume de cet arbre ?

CXXXIII. Un sapin rond non coupé par le haut a la figure d'un cône. Quel est le vol. d'un sapin dont la circonf. de la base serait de 4 m. 50, et la hauteur, mesurée du pied à la cime, de 28 m. 57 ?

FIN.

ERRATUM.

Voici une remarque qui a été omise à la suite du n° 15.

Remarque. — Quelquefois la grosseur de l'arbre diminue tout d'un coup, de distance en distance, à l'endroit où se trouvent les nœuds, d'une manière considérable : dans ce cas, on mesure la circonf. aux différents endroits où la grosseur n'est pas évidemment la même; on fait la somme de toutes ces circonf. et on en prend la moyenne : on n'a plus, pour obtenir le volume, qu'à chercher la surface du cercle qui aurait cette circonf. et à multiplier cette surface par la longueur du bois.

Ainsi, si un bois rond a 7 m. de hauteur et les circonf. suivantes prises aux différents endroits où la grosseur change sensiblement, 1 m. 89, 1 m. 38, 1 m. 32, 1 m. 20 et 1 m. 12, pour avoir sa circonf. moyenne on fait la somme des cinq circonf. et on divise cette somme par 5. La surface du cercle moyen multipliée par la longueur 7 m. donnera le volume du bois.

(Faire les calculs.)

POUR PARAITRE PROCHAINEMENT

PAR LE MÊME AUTEUR.

SIMPLES NOTIONS

DE

GÉOMÉTRIE PRATIQUE,

POUR LES ÉCOLES PRIMAIRES,

CONTENANT

l'arpentage, la levée des plans et le partage des propriétés.

Besançon. — Imprimerie d'Outhenin-Chalandre fils.